**이것이
금융 취업
입문서이다**

이것이 금융 취업 입문서이다

2024. 6. 10. 초 판 1쇄 인쇄
2024. 6. 19. 초 판 1쇄 발행

저자와의
협의하에
검인생략

지은이 | 김정환
펴낸이 | 이종춘
펴낸곳 | BM (주)도서출판 성안당
주소 | 04032 서울시 마포구 양화로 127 첨단빌딩 3층(출판기획 R&D 센터)
10881 경기도 파주시 문발로 112 파주 출판 문화도시(제작 및 물류)
전화 | 02) 3142-0036
031) 950-6300
팩스 | 031) 955-0510
등록 | 1973. 2. 1. 제406-2005-000046호
출판사 홈페이지 | www.cyber.co.kr
ISBN | 978-89-315-8650-3 (13320)
정가 | 25,000원

이 책을 만든 사람들
책임 | 최옥현
진행 | 김상민
본문 디자인 | 에프앤
표지 디자인 | 박원석
홍보 | 김계향, 임진성, 김주승
국제부 | 이선민, 조혜란
마케팅 | 구본철, 차정욱, 오영일, 나진호, 강호묵
마케팅 지원 | 장상범
제작 | 김유석

■ 도서 A/S 안내

성안당에서 발행하는 모든 도서는 저자와 출판사, 그리고 독자가 함께 만들어 나갑니다.
좋은 책을 펴내기 위해 많은 노력을 기울이고 있습니다. 혹시라도 내용상의 오류나 오탈자 등이 발견되면 "좋은 책은 나라의 보배"로서 우리 모두가 함께 만들어 간다는 마음으로 연락주시기 바랍니다. 수정 보완하여 더 나은 책이 되도록 최선을 다하겠습니다.
성안당은 늘 독자 여러분들의 소중한 의견을 기다리고 있습니다. 좋은 의견을 보내주시는 분께는 성안당 쇼핑몰의 포인트(3,000포인트)를 적립해 드립니다.
잘못 만들어진 책이나 부록 등이 파손된 경우에는 교환해 드립니다.

금융기관·금융공기업 취업 준비를 위한 BASIC & All-in-One

기본 방향·공부 방식
주제 트렌드·면접 준비

이것이 금융 취업 입문서이다

슈페리어뱅커스 김정환 지음

BM (주)도서출판 성안당

머리말

10년이면 강산도 변한다고 했다.

12년간 외환은행에서 근무를 하며, 강산의 변화를 보았고 11년간 금융공기업, 은행 취업 강의와 컨설팅을 하며 또 한 번 강산이 변함을 느꼈다. IMF 시절, 닷컴 버블 시절, 카드 대란 시절에도 은행에서 개인, 기업 고객과 희로애락을 함께 하며 많은 보람을 느꼈지만, 그 이후 10년간 금융권 지원자들을 지도하며 1,036명의 합격자로부터 최종 합격 소식을 들었을 때 더 큰 보람을 느꼈고, 그 만큼 뿌듯함도 더 컸다.

10여 년 전과 비교하면 금융권 채용 방식의 변화도 많았고, 트렌드도 많이 달라졌다. 지원자들의 수준도 크게 높아졌고, 금융권에서 지원자들에게 원하는 눈높이도 상대적으로 높아졌다. 하지만 변하지 않는 본질은 있다. 열정이 있는 지원자들은 어떤 어려운 취업 환경에서도 잘 버티며 최종적으로 원하는 금융기관 취업에 성공한다는 점이다. 그리고 그러한 열정을 유지시키는 변수 중 한 가지는, 제대로 된 정보라는 것을 알게 되었다. 제대로 된 정보는 금융권 지원자들이 막다른 곳에서 헤매지 않도록 하며, 취업 과정에서 실패를 줄여줌으로써 취업 준비 시간을 줄여준다.

이 책은 금융권 취업 준비를 시작하려는 지원자, 그리고 금융권 취업 준비를 이미 하고 있지만 아직도 확신이 없거나 정확한 프로세스나 트렌드를 잘 모르겠다는 지원자들을 위해 작성하였다. 이 책에서는 주로 금융권 취업 과정 중, 아래의 내용들을 주로 다루었다.

이것이 금융 취업 입문서이다

1. 기본적인 궁금증 해소 및 채용 프로세스

2. 자기소개서

3. 금융 논술

4. 금융권 면접

자기소개서 작성의 기본적 방향, 금융 논술 공부 방식과 금융기관별 금융 논술 주제 트렌드, 그리고 금융권 면접 준비와 금융기관별 면접 유형과 준비 방법, 후기를 담았다. 많은 지원자들은 금융권 취업 준비의 일환으로, 금융 자격증 취득, 인턴 활동 등을 하다가 어느 날 원하는 금융기관의 채용 공고가 뜨면 자기소개서부터 부랴부랴 준비한다. 그러다 보니 다음 관문인 금융 논술, 1차 면접 마지막 관문인 임원면접은 제대로 준비하지 못해 많은 어려움을 겪는다. 금융권 취업 전체 과정에 대한 고민이나 이해 없이 눈앞의 전형에만 대응하기 때문이다. 이 책은 이러한 오류와 실패를 줄이기 위한 목적으로 집필하였다. 금융권 채용 프로세스에서 뒷단이라고 할 수 있는 면접 과정까지 이 책을 통해 미리 살펴보다 보면, 금융권 채용 준비를 좀 더 현실적이고 체계적으로 할 수 있게 될 것이다.

이 책을 통해,

1. 금융권 자기소개서의 중요성을 알게 되길 바라며,

2. 금융 논술 출제 유형이나 학습을 통해 금융 논술적 지식이 채용 전 과정에서 본인의 강점이 되도록 미리 준비하길 바라며,

3. 금융기관 면접도 예상보다 녹록치 않기 때문에 평소 금융에 대한 관심뿐만 아니라 본인의 과거에 대한 역사나 사실들에 대한 정리도 미리 하길 바란다.

2024년 3월 18일 저자 김 정 환

contents

contents

PART IV
금융기관 면접 편

금융권 취업을 위한 궁금증 해소

PART I

solution
teaching
plan
research
marketing
ideas
plan
leadership
manager
strategy
education
vision
success
management
motivation

금융권 취업 관련
잘못된 정보

금융권 채용 시장 또는 채용 정보들을 보면 <일반화의 오류>가 범람하고, 일명 '~카더라' 소문이 많다. 그리고 정작 이러한 일반화의 오류에 의한 정보나 카더라 통신은 실제 현실과 다른 경우가 대부분이다. 특히, 가장 큰 문제는 <금융권이 바라는 인재상 또는 체크포인트>와 <지원자가 생각하는 인재상 및 답변> 사이에는 정보의 비대칭성 문제가 늘 존재한다는 것이다. 예를 들면, 금융 공기업이나 은행 측에서는 지원자들이 금융 자격증이 있거나 인턴활동을 했다면 물론 좋게 생각은 하겠지만, 채용의 절대 조건은 아니라는 것이다. 실제 내가 가르쳤던 금융 공기업 또는 은행 합격자들의 상당수는 자격증이나 인턴활동이 전혀 없었다. 뿐만 아니다. 금융 공기업 지원자들의 상당수는 행정고시나 CPA와 같은 고시 공부 경험이 많은 편이다. 그런데 대다수 지원자는 이러한 고시 공부 실패를 약점으로 생각해서 숨기려고만 한다. 그러다 보니 자기소개서나 면접에서 본의 아니게 거짓 경험들이나 억지로 짜낸 스토리들로 방어만 하려 한다. 나를 알리는 자기소개서나 면접이 아니라, 숨기기에 급급하다.

이런 정보 비대칭 문제가 생기는 이유는 무엇일까? 금융권 취업 준비를 급한 마음에 시작하다 보니, 여기저기서 잘못된 정보들을 가감없이 수용하여 잘못 생각하고 잘못 행동하게 된 것이다.

10년 이상 금융 공기업이나 은행 지원자들 취업 상담도 진행하다 보니, 많은 금융권 취업 준비생들이 금융 공기업이나 은행 입사에 대한 호기심도 많고 취업 의지도 강하지만, 막상 금융권 취업을 목표로 삼고 난 직후에는 무엇부터 시작해야 할지, 어떻게 준비해야 할지 막막해하는 모습들을 많이 보았다. 그리고 대부분 급하게 준비하다 보니 조급해 한다. 조급하면 통찰력이 떨어지기 마련이다.

이런 경우 대부분 지원자들은 인터넷이나 유튜브에 떠돌아다니는 정보들을 급한 마음에 맹목적으로 믿거나, 옆의 친구들이나 선배님들의 경험담이 진리라 믿으며, 이를 바탕으로 준비하는 경우가 많았다. 문제는 이러한 정보들 중에는 잘못된 정보가 상당히 많다는 점이다.

요컨대, 금융 공기업/은행 준비 시작할 때에, 현실적이며 진실된 채용 관련 정보들은 모른 채, 잘못된 정보들을 바탕으로 열심히 준비하게 되며, 그 결과 잘못된 정보에 근거한 잘못된 자기소개서, 잘못된 논술 준비, 잘못된 면접 답변을 하고, 엉뚱한 길을 헤매다가 금융권 채용 과정마다 불합격이라는 쓴맛을 보게 되는 것이다.

그렇다면 왜 지원자들이 믿는 인터넷이나 유튜브 또는 경험에 근거한 선배들의 정보들은 잘못된 것일까?

왜 잘못된 정보인가?

앞에서 말했듯이, 금융공기업이나 은행 지원자들의 금융권 취업 관련 첫 번째 정보 수집 경로는 대부분 3가지이다.

1) 인터넷이나 유튜브
2) 취업 준비생들 사이의 소문이나, 소수의 선배들의 경험담
3) 난무하는 후기들

첫째, 금융권 채용 관련 인터넷이나 유튜브 정보를 살펴보면, 콘텐츠 제작자나 강사들의 상당수는 금융권 경력이 적거나, 아예 없는 경우가 대부분이다.

과거에 어떤 일을 했는지, 어떤 경력이 있는지조차 알 수 없는 비(非) 금융인들이, 또는 자신들도 학창시절 지원해 본 적이 없어서 경험해 본 적이 없는 금융권 자소서, 논술, 면접을 가르치고 있는 경우가 많다. 이렇듯, 정작 자신들이 접근해 본 적도 없는 금융권 경험과 관

련된 채용 프로세스와 방법론을 열심히 생산하고 전파하고 있다. 여신심사나 보증심사를 해 보지 않은 분들, 재무제표를 바탕으로 실전 신용분석을 해보지 않은 분들, 기업의 부실이나 부도상황을 겪어보지 않은 분들, 여신 채권 회수를 위해 법원을 들락거리지 않았던 분들이 과연 금융기관의 자소서, 논술, 면접 과정을 깊이 있게 지도할 수 있는지 개인적으로는 의문이다.

특히, 자소서 작성법이나 면접 답변에 대한 인터넷의 글이나 유튜브 선생님들의 강의를 보면, 금융권에서 오히려 질색하는 방법이나 답변을 가르치는 경우도 많이 보인다. 더욱 심한 것은 금융권 면접 준비다. 교과서 같은 답만 가르친다. 이는 금융권 면접관 경험을 해 본 적이 없거나 본인이 직접 지원해 본 적도 없는 금융권 면접에 대한 방법을 알리는 꼴이다.

만약 여러분들이 유튜브나 인터넷으로 금융권 취업 정보를 얻고자 한다면, 콘텐츠 제작자의 경력을 꼭 확인하기 바란다. 금융권 재직 경험이 없는 분들은 대체로 현재에 대한 포장을 많이 한다. 현재 어느 곳에서 강의를 한다는 식이다. 그리고 현재의 강의 경력만 가득채운다. 왜냐하면 과거를 포장해야 하기 때문이다. 하지만 현재는 별로 중요하지 않다. 과거에 정확히 어떤 금융권에서 어떤 업무를 했는지 꼭 확인해야 한다. 실제 금융권은 고사하고 일반 대기업에서조차 조직생활을 해 본 적이 없는 분들도 다반사다.

만약, 과거에 금융권 경력이 없는 분들의 정보를 믿고 따른다면, 이는 정작 금융권 취준생 본인들보다도 못한 통찰력과 지력을 가진 이들을 믿고 금융권 취업이라는 전선으로 향하게 되는 꼴이 된다.

둘째, 합격한 선배들이나 친구들의 조언은 상당히 현실적으로 들린다. 하지만 이들의 조언에는 <일반화의 오류>가 있을 가능성이 높다. 즉, 부분을 가지고 전체를 판단하는 오류가 생기기 쉽다. 그 이유는, 합격자들마다 합격 관련 영역의 편차가 크기 때문이다. 어떤 지원자는 필기 점수가 높아서, 어떤 지원자는 면접에서 높은 점수를 받아서 합격한다. 그런데, 문제는 합격자들도 자신들이 왜 합격했는지 정확하게 모른다는 것이다. 그렇기 때문에 본인이 낮은 점수를 받은 부분을 본인의 강점이라 착각해서 여러분들에게 전해줄 가능성도 있다는 것이다. 금융기관은 철저하게 개별 점수에 대해 점수 공개를 잘 하지 않는다(예외적으로 주택금융공사 등이 면접 점수를 공개하기도 한다). 또한, 본인이 체험한 취업 과정은 많은 합격자가 합격한 경험에 비추어보면 극히 일부분이다. 따라서 합격한 선배나 친구들의 조언은 '그럴 수도 있겠다' 수준으로만 인정할 것을 권장한다.

셋째, 인터넷이나 유튜브로 합격 후기를 올리는 곳들이 많다. 필자도 실제 최종 금융권 관문을 통과한 합격자들이 보내준 정성스런 후기들을 블로그에 올린다. 물론, 필자는 합격자들의 프라이버시를 보호하기 위해 개인정보가 유출되지 않도록 조심스레 올린다. 예를 들면 금융권 합격자의 기출 면접 후기들의 경우, 개인적으로 받았던 질문이나 답변들은 삭제한다. 누구인지 유추할 수 있는 내용들은 공개하지 않는다. 그리고 필요한 분들에 한해 합격자들의 소중한 전체 체험 후기들을 선별해서 제공한다.

지금은 바이럴 마케팅의 시대다. 내가 보더라도 자체 제작하거나 짜깁기한 믿기지 않는 후기들을 오로지 광고용으로만 올리는 곳들이 많다. 얼마 전 실제 공기업 취업을 준비하면서 한 취업 전문 회사에 몇 백만 원이라는 비용을 지불했던 여학생이 결국은 마지막에 내 수업을 다 들은 후 하는 말이 "그 회사는 수업 중에 무조건 좋은 수업 후기들을 쓰게 만들고, 만약 안 쓰면 수업 교안들을 주지 않겠다고 하며 강제적으로 후기를 쓰게 만든다"고 했다. 이 책을 통해서 그 회사명 공개까지 고민했다. 스스로 자중하길 바란다. 금융권 취업 준비생들이 특히 조심해야 되는 부분이 과장된 허위 후기들이다. 읽어 보면 금방 알 수 있다. 이런 경우 특히 강의나 컨설팅의 수준과 퀄리티가 떨어지니 항상 의심해봐야 한다. 사회에 첫 발을 내딛으려는 순수한 학생들을 상대로 호주머니를 털어먹으려고 하는 곳들도 많으니 항상 유의해야 한다.

따라서 금융권 취업을 준비하는 지원자들은 가급적 과거에 명확히 금융권 경력을 가지고 있는, 오랜 기간 채용 프로세스 일선에서 다양한 취업 준비생들을 컨설팅한 전문가들의 정보를 신뢰하라고 권하고 싶다.

chapter 3

금융공기업
채용 프로세스

금융 공기업 채용 프로세스는 각 기관마다 약간씩 차이가 있지만, 대체로 2가지 유형으로 구분된다. 이는 금융 논술 전형의 유무에 따라 결정된다.

1) 유형 1 (금융 논술 전형이 있는 경우)

가. 채용 프로세스

자기소개서 → 필기(전공 필기, 금융 논술, NCS 전형, 인성 등) → (AI 면접) → 1차 면접 → 2차 면접

나. 해당 기관: 한국은행, 금융감독원, KDB산업은행, 수출입은행, 신용보증기금, 기술보증기금, 한국거래소, 예탁결제원, 한국증권금융(금융 논술 전형 없는 경우도 있음), SGI서울보증, 지역신용보증재단, 신용회복위원회, 무역협회 등

다. 금융 논술의 경우 기관마다 다를 수 있지만, 2023년 현재 기준으로 금융 논술 전형을 보는 곳을 기준으로 정했다. 또한, 금융 논술 전형과 별도로 전공 필기 시험 과목으로 전공논술을 보는 곳도 있다.

라. 전공 필기 시험은 1차와 2차로 나누어 진행하는 곳도 있으며, AI 면접을 추가로 진행하는 곳도 있다. 다만, 현재는 AI 면접이 직접 합격 여부에 영향을 미치지는 않고 참고용으로만 사용된다.

2) 유형 2 (금융 논술 전형이 없는 경우)

가. 채용 프로세스

자기소개서 → 필기(전공 필기, NCS 전형, 인성 등) → (AI 면접) → 1차 면접 → 2차 면접

나. 해당 기관: 무역보험공사, 한국자산관리공사, 주택금융공사, 주택도시보증공사, 예금보험공사 등

다. 상기 기관들은 금융 논술을 실시하지 않지만, 이는 면접에서 학술적, 금융적, 시사 이슈 등에 대한 질문이나 발표, 토론 등을 통해 검증한다.

라. AI 면접을 추가로 진행하는 곳도 있다. 다만, 현재는 AI 면접이 직접 합격 여부에 영향을 미치지는 않고 참고용으로 사용된다.

마. 이외에도 자기소개서 작성 시 금융 논술적인 요소가 주어지는 기업들이 늘어나고 있으며, 대표적인 예로 신용보증기금과 수출입은행이 있다. 다른 금융 공기업들은 매년 상황에 따라 다를 수 있다.

chapter 4

은행 채용
프로세스

1) 4대 시중은행과 3대 특수은행, 그리고 지방은행들의 채용 프로세스는 은행마다 약간씩
   다르다.

   은행 채용 프로세스

   > 자기소개서 → 필기(NCS 전형, 금융 상식, 인성 등) → (AI 면접) → 1차 면접 → 2차 면접

2) 금융 공기업 전형과의 가장 큰 차이는 '전공 필기' 전형이 없다는 점이다. 대신 금융 상식
   전형, 디지털 전형, 또는 은행 자체적인 평가 시험이 진행된다. 전공 필기 시험에 대한 압
   박은 없지만 그래도 은행별로 진행되는 시험에는 대비해야 한다.

   가. 기업은행의 경우, 금융 일반, 디지털, IT 분야로 나누어 직업 기초, 직무 수행 전형을
   본다. 금융 일반(경제, 경영 관련 직무 상식/시사), 디지털(DB, 빅데이터, AI, 블록체인, 시사 등), IT(
   전산학, 시사) 분야별 시험 범위는 괄호 안과 같다.

나. 하나은행의 경우, 일반 전형은 NCS와 디지털 상식을, 디지털·ICT는 코딩 테스트를 진행한다.

다. 우리은행의 경우, 필기 전형이 없고 대신 면접을 1차, 2차, 3차 전형으로 3회 진행한다.

라. 국민은행의 경우, 금융 상식 전형으로 진행한다.

마. 농협은행의 경우, 5급 채용 때에는 금융 상식 전형에 더해 금융 논술 전형도 실시하며, 6급 전형 때에는 금융 논술 전형이 없다.

3) 은행 전형은 전공 필기 전형에 대한 부담은 없지만, 대신 1차 면접 전형에서 세일즈 면접, 상황 면접, 롤플레잉 등 새롭고 다양한 면접 전형을 통해 지원자들의 영업력과 순발력, 금융 시사 지식 등에 대한 평가를 진행한다.

이것이 금융 취업 입문서이다

chapter 5

금융기관
지원자들 빈출 Q&A

1) 금융공기업 또는 은행 취업을 준비해야 하는 데 어떤 것부터 해야 할지 모르겠습니다.

가. 금융공기업 취업을 위해 제일 먼저 준비해야 하는 것은 "전공 필기" 전형이다. 가장 많은 시간이 필요하기 때문이다. 금융공기업별 전공 필기 전형은 난이도가 다르며, 연도별 난이도도 편차가 크다. 그래서 전공 필기 전형은 최대한 깊게 공부하는 것이 필요하다. 전공 필기 전형에서 통과하지 못하면 모든 것이 무용지물이 되기 때문이다.

나. 다만, 최종 합격까지 체계적으로 준비하려면 전공 필기 공부를 제일 먼저 시작하되, 금융 논술 전형도 함께 준비하는 것이 좋다. 대신 비중을 조절할 것을 권장한다. 예를 들면 전공 필기 공부에 8의 전력을 쏟는다면 금융 논술 공부에 2의 비중을 쏟는 방식이다. 예상보다 금융 논술 전형에서 발목이 잡히는 경우가 많기 때문이다. 특히, 금융 논술 공부는 금융 논술 전형 통과를 목적으로 하지만, 나중에 1차 면접과 2차 면접에서 금융 논술적 실력이 변별력으로 작용할 가능성이 크기 때문에 미리 꾸준히 준비하는 것이 필요하다. 즉, 채용 프로세스의 뒷단인 면접 전형까지 고려한다면, 금융 논술 전형에 대한 준비를 뒤로 미루면 안 된다는 것이다.

다. 은행 취업을 위해 제일 먼저 준비해야 하는 것은 은행 방문이다. 그 이유는 기업금융과 개인금융의 업무에 대해 알아본 후, 본인의 적성에 따른 목표를 설정해야 하기 때문이다. 기업금융 지원자들과 개인금융 지원자들은 준비 방법을 달리 해야 하기 때문이다. 필요한 자격증도 다르다. 예를 들어, 기업금융의 경우 신용분석사, 재경관리사, CFA, 외환전문역 2종, CDCS, CITF 등의 자격증을 공부하면 좋으며, 개인금융의 경우 금융 3종, 은행텔러, 은행 FP, AFPK, CFP, 외환전문역 1종 등의 자격증을 공부하는 것이 좋다. 물론, 공통적으로 FRM 자격증이나 국제 FRM 자격증은 지원 부문과 관계없이 모두 취득하는 것이 좋다.

라. 그리고 금융상식, 디지털 등 지원하고자 하는 은행이 원하는 필기 전형도 병행하는 것이 좋다.

마. 은행 인턴 경험이나 은행 홍보대사 등의 경험도 쌓으면 좋다. 은행은 본질적으로 금융 영업이 중요한 업무이기 때문에 활동성 있는 경험을 쌓는 것을 권장한다.

2) 행정고시나 CPA 등 국가고시를 준비하다가 금융공기업 취업으로 방향을 전환하였습니다. 어떻게 준비해야 하나요? 또 그러다 보니 금융자격증이나 인턴경험이 없습니다.

가. 일단 유리하다. 왜냐하면 전공 필기 전형 대비 국가시험을 준비하며 상당 부분 성실히 지식을 함양했을 가능성이 높기 때문이다. 즉, 전공 시험에 대한 부담이 적은 것은 유리하다.

나. 금융자격증이나 인턴 경험은 금융공기업 최종 합격의 충분조건이지 필요조건은 아니다. 즉, 금융자격증이나 인턴 경험이 전혀 없는 국가고시 출신 지원자들도 손쉽게 짧은 기간 내에 금융공기업 전형에서 최종 합격하는 경우가 의외로 많다.

다. 많은 지원자들은 금융공기업 채용 전형을 도식화 하려는 경향이 있다. 즉, 최종 합격의 필요조건으로 금융자격증이나 인턴 경험을 생각하는 데 그렇지 않다. 금융공기업의 인사부는 신입 직원 채용 때, 한두 가지 사실만을 가지고 평가하지 않는다. 전체를 본다고 생각하면 된다. 따라서 자격증이나 인턴 경험은 채용 프로세스 일부이지 전체는 아니다. 금융 자격증의 경우, 가점 요인이지 합격 요인은 아니라는 점이 중요하다.

라. 물론, 금융 자격증이나 인턴 경험이 없는 것 보다는 있는 것이 좋다. 하지만 이를 보유했다고 합격에 무조건 유리하지는 않다.

마. 따라서 이런 이유로, 국가고시 준비 경험을 자소서나 면접에서 숨기지 않았으면 좋겠다. 금융공기업을 오래 준비한 것만이 합격의 이유는 되지 않기 때문이다. 좀 늦게 시작하면 어떠한가? 또한 국가고시 준비 경험과 국가고시 탈락 경험이 죄를 지은 것인가? 당당하게 밝히고, 오히려 이러한 힘든 경험을 통해 배운 본인의 성장점들을 더 드러내길 바란다. 괜히 없는 경험들을 지어내거나 억지로 쥐어짠 스토리는 오히려 어색하다. 국가고시를 준비한 느낌인데, 그 이야기가 자소서에 나오지 않는다면 대부분의 자소서 심사자들이나 면접관들이 금방 알 수 있다. 숨기기보다는 당당히 밝히는 것이 좋다.

3) 많은 자격증이 꼭 취업에 도움이 되나요?

다수의 자격증을 보유하는 것이 1~2개의 자격증을 보유하는 것보다 분명히 취업에 유리하게 작용할 가능성은 높다. 하지만 많은 자격증이 절대적으로 유리하지는 않다. 실제로, 금융자격증 10여 개를 취득한 지원자들도 원하는 금융기관으로의 입사에 실패하는 경우가 많다.

금융권에서는 인재를 평가할 때 Specialist적인 면만으로 평가하지 않는다. Generalist적인 인재를 더욱 좋게 평가하는 경우도 많다. 굳이 표현하자면 "스펙의 역설"인데, 취업 준비 기간 내내 본인만을 위한 자격증 취득에 몰두한 지원자보다는 여럿이 함께 잘 어울리며 원만한 대인관계와 학교생활에 최선을 다한 학생을 선호하기도 한다. 이러한 마인드는 실제 금융권 입사 후 조직에 대한 희생정신으로 연결될 수 있기 때문이다.

일례로 은행 업무를 하다보면, 은행의 업무보다는 본인의 자격증이나 공부에 치중하는 직원들도 다수 있다. 그리고 이러한 직원들은 툭하면 시험 때문에 휴가를 쓰거나 일찍 퇴근 해버린다. 그렇다면 지점장의 입장에서는 그런 직원에게 좋은 인사고과를 줄까, 아니면 묵묵히 맡은 바 업무에 최선을 다하며 야근과 궂은 일까지 자처하느라 자기계발에 다소 소홀 했던 직원에게 좋은 인사고과를 줄까? 자격증은 본인이 지향하는 목표에 맞게 순차적으로 취득하면 될 것이며, 이것저것 다 기웃거릴 필요는 없다.

4) 다른 곳을 준비하다가 금융공기업이나 은행에 그냥 지원해보았는데 서류에서 합격했 습니다. 어떻게 해야 하나요?

가. 금융공기업의 경우, 전공 필기 시험 준비가 되어 있다면 계속 도전해 볼 만하다. 하지 만 금융 논술이나 면접 전형을 통과하기 위해서는 운이 따라줘야 한다. 늦었지만 금 융 논술 준비에 집중할 것을 권한다. 전공 필기가 탄탄하기 때문에 어떻게든 급하게 준비하는 것이 가능하다. 반면에 전공 필기 시험 준비가 안 되었다면, 낙관적이지 않 다. 경험을 쌓는다는 마음으로 필기전형에 응하라.

나. 은행의 경우, 적극적으로 금융상식이나 NCS 등의 전형을 준비하길 권한다. 필기전 형의 진입장벽이 상대적으로 높지 않은 곳이 은행이다. 그렇기 때문에 약간의 노력 만 기울이면 필기 통과가 가능하다. 필기 시험을 통과한다면 본인의 강점을 고민하 며 면접 준비를 하면 좋다. 약점을 보완하는 노력도 필요하지만, 결국 은행은 면접 전 형에서 지원자의 강점을 보고 채용할 가능성이 높기 때문이다. 어쭙잖게 은행취업 준 비를 착실히 했던 지원자들을 따라 하기보다는, 본인의 독창성을 강조하는 면접 전형 을 준비하라. 차별화 전략이 은행에서는 특히 중요하다.

5) 공백기가 긴데 어떻게 해야 하나요?

제일 난감한 질문 중 하나이다. 공백기를 어떻게 보냈느냐는 금융기관에서 중요하게 보는 요소 중 한 가지이기 때문이다. 물론 가장 좋은 것은 금융기관 입사를 위한 증빙 있는 활동을 했으면 좋겠지만, 대부분 그렇지 못하기 때문이다.

이런 경우, 비록 금융기관 준비를 위한 활동은 아니지만 증빙 있는 활동들부터 우선 열거하는 것이 좋다.

예를 들면,

① 아르바이트

② 다른 자격증 취득

③ 영어 공부

④ 기타 활동

이렇게 열거한 후, 이러한 내용들부터 정리해보자. 그리고 이런 활동들을 왜 했는지에 대한 상황설명과 이유를 정리해 놓는 것이 좋다. 많은 지원자들은 면접에서 거짓말을 하려는 경향이 있는데, 솔직함이 면접에서 가장 중요하다. 솔직하게 당시 상황을 설명하면 의외로 면접관들이 좋아하는 경우가 많다.

실제로, 개인사업을 했다가 실패한 지원자도, 지역 방송국 리포터를 했던 지원자들도 솔직함으로 면접관을 설득해 금융공기업과 은행에 잘 입사할 수 있었다.

6) 금융공기업들은 왜 금융 논술 전형을 시행하는지요? 그리고 언제부터 준비하면 좋은 지요?

12년간 외환은행에 재직한 금융기관 출신으로서 말하면 그 이유는 다음과 같다.

가. 금융기관에서의 주요한 업무는 결국 설득을 전제로 한다. 예를 들면 기업의 신용평가 업무에서는 재무, 비재무 평가 후에 평가등급을 Rating한 근거를 의견으로 밝혀야

한다. 이는 기업 평가 등급 산출의 근거를 논리적으로 기록함과 동시에, 전결권자의 승인을 받기 위함이다. 같은 이유로 여신 업무에서 여신승인보고서 작성에서도 결국 중요한 것은 여신실행을 위해 전결권자를 논리적으로 설득하는 것이다.

나. 단순지식의 평가는 전공 필기 시험으로 확인할 수 있지만, 지원자의 통찰력이라는 부분은 논술로써 확인할 수밖에 없기 때문이다. 많은 지원자들을 보면, 경제, 경영학, 법학, 공학적 지식은 매우 우수하지만, 이를 실물경제에 적용시키거나, 사회적 현상에 대한 해법으로 도출하는 능력은 미숙한 경우가 많다. 금융인은 지식을 전달하는 직업인이 아니라, 해법을 제시하는 직업인이다.

다. 금융인은 정리정돈이 잘 되어 있어야 한다. 주변에 대한 정리정돈을 의미하는 것이 아니라, 생각과 사고가 잘 정리되어 있어야 한다는 의미이다. 여신 규정을 많이 알고 있는 것과 이를 체계적으로 접목하는 것은 다른 것이다. 어떤 업무에서나 체계성은 중요하지만, 특히 여신 프로세스에서의 핵심은 체계적인 접근을 하고 있느냐에 따라 많이 달라진다. 예를 들면 전결권과 관련된 체계성, 부실여신 관리와 관련된 체계성 등이 그것들이다. 순간순간 경험에 따른 업무 접근방식이 아니라, 전체적인 체계를 세운 후, 문제를 해결해 나가야 한다는 의미이다.

이런 이유들 때문에 논술시험이 신입직원 전형에 꼭 필요함을 안다면, 지원자들의 금융 논술 공부의 방향성이 자연스레 도출된다.

① 체계성

② 설득력

③ 통찰력

의 획득과 구사가 무엇보다 중요하다.

라. 금융 논술 공부에서 최우선 주안점은 체계성이다. 많은 지원자들은 이 주제, 저 주제 등 체계성 없이 잡식성으로 공부한다. 그리고 매일매일 신문을 읽으며 다양한 현상들

을 보는 것으로 논술 공부에 갈음한다. 쓸데없는 것들도 파고든다. 최악의 경우는 잘 나올 만한 주제들을 찍어서 공부한다. 어떠한 체계성도 없는 위험한 접근 방법이다. 논술 공부에 앞서 본인만의 체계, 즉 카테고리를 만들어야 한다. 체계적인 공부가 체계적인 구조를 만들고, 더 나아가 체계적인 글쓰기를 가능하게 한다.

마. 논술은 원래 설득을 위한 글이다. 지식을 나열하는 글이 아니다. 특히 금융공기업 준비하는 학생들의 경우, 한 가지 사안에 깊이 파고 드는 경우가 많다. 깊게 파고 드는 것이 나쁜 것만은 아니다. 하지만, 깊게 파고 들었다면 넓게 바라볼 줄도 알아야 한다. 많은 지원자들이 깊게 파기만 할 뿐 그것으로 끝이다. 지식은 설득을 위한 도구일 뿐인데, 지식을 목적으로 공부한다. 논술에서 낮은 점수를 받는 이유이다.

바. 논술의 핵심은 결국 통찰력이다. <무엇>도 중요하지만 <어떻게>가 더 중요하다고 할 수 있다. 결론의 큰 골격이다. 문제는 통찰력이 없다면 <무엇>마저도 제시하지 못한다. 더 큰 '어떻게'에 방점을 찍을 줄 알아야 한다. 이는 비단 금융 논술에서만 적용되는 말은 아니다. 발표면접, 토론면접에서도 <방법>을 제시하는 지원자가 인상적일 수밖에 없다. 대안 없는 비판은 허구이다. 대안은 통찰력에서 비롯된다.

많은 지원자들이 묻는다. 금융 논술 공부는 언제부터 하는 것이 좋으냐고?
그 시기는 바로 "오늘부터"라고 말하고 싶다. 빠를수록 좋다는 말이다.

7) 자소서에 있는 경험기술서나 경력기술서에 경험을 과장해도 되나요?

안 된다. 최근 금융기관 채용 전형에서 두드러지는 특징 중 하나는 자기소개서에 기술한 경력이나 경험에 대한 철저한 검증이다. 만약 금융기관이 요구하는 서류 중 하나라도 제출하지 못한다면 탈락시킨다.

chapter 6

중요한 일과
급한 일

중요한 일과 급한 일이 주어졌다면 무엇부터 처리하는 것이 현명한가?

중요한 일 vs 급한 일

다음 표는 [중요한 일]과 [급한 일]을 구분한 표이다. 여러분들이 다음 표를 보고 가장 먼저 해야 하는 일들을 순서대로 번호를 기입해 보길 바란다.

구분	중요한 일	덜 중요한 일
급한 일		
덜 급한 일		

그 동안 강의를 진행하면서 지원자들에게 물어보니 대부분 다음 표와 같이 채웠다.

구분	중요한 일	덜 중요한 일
급한 일	1	2
덜 급한 일	3	4

하지만 필자의 생각은 다르다.

구분	중요한 일	덜 중요한 일
급한 일	※	2
덜 급한 일	1	3

필자의 생각을 보면 알겠지만 우선 내 질문에 오류가 있다. 하지만 오류를 말하기보다 내가 여기서 강조하고 싶은 바는 [중요한 일을 급하게 만드는 상황이 생기면 안 된다]라는 것이다. 항상 미리 준비하는 현명함을 가지길 바란다. 항상 중요한 일부터 먼저 시작하는 습관을 들이길 바란다. 너무 늦었다고 생각할 때가 가장 빠를 수 있다.

금융기관 자기소개서 편
자소서는
무조건 탁월해야 한다

자기소개서는 채용 프로세스의 첫 단추다. 그러면서도 임원면접 때까지 계속 따라다니며, 나중에 현직이 되어도 계속 따라온다. 따라서 자소서는 무조건 잘 써야 한다. 자소서를 잘 쓰기 위한 최소한의 원칙들 11가지를 소개하고, 자주 등장하는 질문 유형별 해법과 사례들을 살펴보자.

chapter 1

자기소개서를
잘 쓰기 위한 11가지 원칙

1. 재무제표와 법에 대한 선행 학습은 필수이다.

1) 자소서에서 가장 좋은 재료는 해당 금융기관의 재무제표와 법규이다. 그럼에도 많은 지원자들은 단순히 홈페이지의 긍정적인 내용만을 인용하려 한다. 재무제표의 숫자만큼 자소서에서 근거로 활용하기 좋은 것은 없다. 또한 금융공기업의 경우, 설립법을 읽다 보면, 여러분들이 써야 할 자소서의 많은 소재가 법규에 있음을 알게 된다.

2) 예를 들어 은행 자소서 작성을 한다면 먼저 해당 은행의 재무제표에 대한 이해가 필요하다.

보통 은행 재무상황 평가에는 4가지 중요한 항목이 있다.

가. BIS 자기자본비율

나. 자산건전성

다. 수익성

라. 유동성

문제는 가장 기본적인 4대 재무제표에 대한 이해가 부족하다는 것이다. 개념부터 잡아야 한다. 그리고 더 나아가 타 금융기관과의 비교도 필요하다. 많은 지원자들이 이러한 재무적인 주요지표를 무시하고 은행에 대해서 알아야 할 사항들로만 자소서를 준비하고 있다는 점이다. 또한, 주요지표들 이외에도 최소한 다음 지표들에 대해서도 어느 정도 공부해 놓을 필요가 있다. 근거가 없는 자소서나 면접에서의 답변은 허구일 가능성이 높기 때문이다.

충당금적립전 이익
이자수익
수수료 + 신탁 수익
ROA
ROE
NIM
1인충당금적립전 이익
평균인원
평균 영업점 개수
대손충당금적립율
원화LCR
외화LCR
NSFR
총여신
기업여신
가계여신
중소기업대출
총수신

2. 자소서는 자소서 통과가 목적이 아니라, 나중에 면접관들이 여러분을 만날 때 첫인상이 되기 때문에 정성을 다해야 한다.

1) 여러분이 작성한 자소서는 나중에 면접 전형까지 진행되면, 면접관이 제일 먼저 읽어

보는 것이라는 사실을 잊지 말아야 한다. 잘 쓴 자소서는 면접관에게 좋은 이미지를 심어주게 되는 첫 단추이다. 성의 없게 자소서를 작성했지만 운이 좋아서 통과한 경우, 면접관의 입장에서는 당연히 지원자에 대해 좋지 않은 첫인상을 가지게 됨을 유념하기 바란다.

2) 더 나아가 임원들까지 여러분의 자소서를 읽는다는 것을 잊어서는 안 된다. 2차 면접은 대부분이 임원면접이고, 인사부에서는 임원면접 전에 면접에 참여하는 임원들에게 여러분의 자소서를 미리 제공한다.

3. 착한 척하는 글을 경계하라.

1) 최근 들어 금융 공기업 또는 은행 자소서에 자주 등장하는 것이 금융인으로서의 윤리의식이나 기본 인품 등이다. 이런 질문에 대부분 착하고 공정한 척하기 바쁘다. 물론, 공정함이나 착함이 중요하다. 하지만 이는 너무 뻔하지 않은가? 그리고 이런 관념적인 모범어들만 떠오른다면 이는 정책 금융이라든지 금융의 본질에 대한 이해가 부족하기 때문일 수도 있다.

2) 금융의 공공성이 무엇인가? 단순히 중소기업을 지원하고 벤처금융을 하는 것인가? 금융의 공공성 중 한 가지는 금융인의 신의성실의 원칙과 선량한 관리자의 의무이다. 금융기관을 믿고 투자한 투자자나 예금한 예금주, 그리고 국민의 혈세로 조달된 공공자금의 관리는 신의성실의 원칙과 선량한 관리자로서 최대한 그 의무를 다해야 한다. 그리고 이러한 자금 조달처에 대한 책임감 있는 사명감 또한 금융인이 갖추어야 할 덕목이다. 따라서, 자금의 운영 또한 최대한 손실이 나지 않게 운영하며 자금 조달처에 대한 의무를 성심성의껏 해야 한다. 이러한 효율적 금융의 달성이 본질적인 금융의 공공성이다. 그럼에도 최근 많은 지원자들의 자소서를 보면, 선한 금융이나 힘든 기업을 돕는 것이 금융의 공공성의 전부인 냥 착각하며 오도하는 경우가 많다는 것이다.

3) 착한 자소서가 아니라, 냉철한 자소서를 쓸 것을 권한다. 금융의 내재된 공공성은 착한 금융을 의미하는 것이 아니라, 한정된 재원을 가장 효율적인 것에 공급하는 것 자체가 생산 증가, 투자 유도, 일자리 창출 등 공공성을 강화하기 때문이다. 마치 NGO 회사 지원서 같은 착한 이야기들만 늘어놓는 자소서는 권하지 않는다.

4. 질문에 답을 하라.

1) 금융 기관마다 자소서 질문은 비슷해 보이지만 자세히 보면 묻고 있는 내용들이 다르다. 묻고 있는 질문에 맞는 답들만 명쾌하게 작성하길 바란다.

2) 질문을 항상 꼼꼼히 읽어보고, 묻지 않는 질문에 대해서는 답을 하지 않길 바란다. 특히 항목별 마지막 문장들을 "금융 기관에서 00하는 사원이 되겠다" 식의 포부로 끝내는 데, 질문을 읽어보면 포부를 요구하고 있지 않는 경우가 대부분이다. 이러한 선언적 포부는 믿기지도 읽히지도 않는 문장들이 된다.

3) 자소서는 회사가 원하는 대로, 원하는 지시에 따라, 묻는 말에 명쾌하고 충실하게 답을 하는 것이다. 쓰고 싶은 글을 쓰는 것이 아니라, 묻고 있는 내용을 금융 기관이 원하는 방식으로 작성해야 한다는 것이다. 이런 작은 지시도 마음대로 해석하고, 마음대로 자소서를 작성하면 차후 1차 면접이나 임원 면접에서도 동문서답을 할 가능성이 높고, 입사 후 업무에서도 지시를 무시하고 마음대로 하고 싶은 일을 하는 단초가 된다. 모두들 자소서에서 경청 능력이 우수하다고 하는데, 읽기 능력은 왜 이리 안 좋은지 모르겠다.

5. 차별화와 독창성이 자소서의 핵심이다.

1) 자소서 작성에서의 핵심은 차별화이다. 안전한 글을 원하는 것이 아니다. 그럼에도 아직까지 금융권 자소서는 튀면 안 된다는 관념에 사로잡힌 경우가 많다. 증시의 이

론 중 더 큰 바보 이론이 있다. 자소서나 채용 과정에서도 이러한 경향들이 보인다. 시중에 떠도는 바보들의 근거 없는 '카더라'라는 말을 맹신하여 본인은 더욱 자소서에서도 관념적이고 모범적인 이야기들만 채우며, 더 나아가 전 금융기관 자소서들을 이러한 이야기로 도배한다. 운이 좋으면 자소서가 통과되고 운이 나쁘면 떨어진다. 운에 맡기는 꼴이다. 더 큰 바보가 되지 않기 위해서 자기소개서의 본질을 고민해보라. 좋은 자소서의 핵심은 모범성을 근거로 한 동질화가 아니라, 독창성을 근거로 한 차별화이다. 바쁨을 핑계로, 기억이 나지 않는다는 이유로 뻔한 글을 쓰지 않길 바란다.

2) 관념적이고 추상적인 글들도 피해야 한다. 누구나 아는 내용을 마치 혼자만 알고 있는 것처럼 당위론적인 글을 쓰는 것을 많이 보았다. 예를 들면 "최근 디지털화로 은행들은 발생 가능한 금융 소외 계층을 지원해야 합니다." 같은 글들이다. 이런 내용을 모르는 금융인이 어디 있는가? 그리고 이런 글들은 여지없이 자소서 탈락의 결과로 이어질 가능성이 높다. 전형적인 글, 모범적인 글, 관념적인 글이 되지 않도록 유념하자. 참신한 자소서, 깊이 있는 자소서를 자소서 심사자들과 면접관들은 선호하기 때문이다.

3) 특히, 금융 공기업의 경우 보수적이기 때문에, 튀지 않고 무난한 글을 선호한다고 생각하는데, 이는 틀린 생각이다. 이렇게 잘못 생각하는 이유는 금융 공기업 금융의 특성에 대한 이해가 없기 때문이다. 금융 공기업은 시장 실패가 일어나 상업 금융 기관들이 잘 취급하지 않으려 하는 분야에 대한 금융을 선도적으로 주도하는 곳이다. 따라서 누구도 가지 않으려는 길을 개척하는 금융의 선구자 역할을 해야 한다. 그러므로 혁신성과 도전정신이 중요하다. 그 후, 해당 분야에 대한 금융 기법과 노하우가 쌓이면 상업 금융 기관으로 전수하는 긍정적 외부 효과도 이루게 되는 것이다. '보수적', '안정적'인 글을 금융 공기업이 선호할 것이라는 것은 지원자들의 편견이다. 참신하면서 독창적인 글을 쓰길 바란다.

4) 특히 경험 항목 등의 글에서 장황한 프로세스에 대한 설명보다는 '무엇을'에 방점을 찍 길 바란다. 의외로 질문에 대한 답을 할 때 '무엇'이 모호한 경우가 많다.

6. 내 이야기를 솔직하게 써라.

1) 많은 지원자들의 시선과 내용은 '금융기관을 향한' '금융기관을 위한' 등 금융기관 위 주로만 향하고 있다. 문제는 그러한 강박관념 때문에 금융기관에서 좋아할 만한 경 험이나 소재들로만 글을 쓰려 한다. 그런데, 더 큰 난제는 여러분들은 금융기관이 좋 아할 만한 경험이나 소재들을 제대로 모르고 있다는 점이다. 모범적이고 전형적인 글 을 쓰면서 '안전한 글'이 안전하다고 생각한다. 하지만 안전한 길이 결코 안전한 결과 로 이어지지 않는다.

2) 내 이야기, 내 생각, 내 소신, 내 철학을 쓰는 것이 자기소개서이다. 금융기관을 소개 하는 글이 될까 우려스럽다.

3) 금융기관 지원자들의 자소서를 읽다 보면 정작 본인을 자꾸 숨기려는 경향이 있다. 직 장 선택 기준이라든지, 핵심 가치 등에서도 너무 가식적인 내용으로만 채우며 무난하 게만 쓴다. 권하지 않는다. 상대방을 설득시킬 수 있는 방법은 솔직함이다. 물론 상황 에 따라 정도의 차이가 있겠지만 항상 최선의 전략은 솔직함에서 시작하는 것이 좋다 는 것을 강조하고 싶다.

4) 최근 서류 전형 합격자에 한해 철저한 검증이 이루어지는 것도 유의해야 한다. 최근 금융 공기업들은 이력서나 자소서에 기재한 경력이나 경험들에 대해서는 철저한 검 증 작업을 하고 있다. 따라서 자소서에서 허위 기술은 하지 말기 바라며, 증빙 없는 경 력들도 신중히 기술해야 한다.

7. 감성적 글과 이성적 글

1) 최근 금융 공기업이나 은행 자소서를 보면 자주 등장하는 말이 '선한 영향력'과 '사회적 금융'이다. 이런 표현도 유행을 탄다. 한때는 '타자 공헌'이란 단어가 유행했고, 한때는 '착한 금융'이라는 말이 유행했다. 이러한 감성적이면서 앵무새처럼 매번 등장하는 표현들을 읽다 보면 질릴 때가 있다. 모두가 똑같은 말들을, 모두가 똑같은 자소서에서 반복하기 때문이다. 그리고 더 나아가 면접 전형에서도 이러한 반복되는 표현들은 계속 이어진다.

2) '선한 영향력'은 분명 좋은 단어이다. 하지만, 이렇게 빈번하게 나오니 좋은 단어라는 느낌보다는 가식적이라는 생각이 든다. 모두 너무 착한 척하기 때문이다. 금융 공기업이나 은행 자소서가 아니고 NGO 기업 자소서 같다. 좋은 의도가 좋은 결과를 담보하는 것은 아니다. 그래서 경제학자 알프레드 마셜은 '가슴은 뜨겁게, 머리는 차갑게'를 강조했다.

3) 금융 공기업이나 은행 자소서의 경우, 감성적으로 접근해야 할 문항이 있고 이성적으로 접근해야 할 문항도 있다. 성장과정이나 경험을 묻는 질문 등의 경우, 깊은 감동의 글의 원천은 심금을 울리는 감성에 의한 글이다. 하지만, 지원동기나 입사 후 계획 등의 자소서 항목은 이성에 의한 글을 쓰는 것이 좋다. 왜냐하면 금융 공기업이나 은행은 선한 영향력이나 타자 공헌만이 전부가 아니기 때문이다. 돈과 숫자를 다루며 수익률과 리스크가 중요하기에 냉철한 이성이 훨씬 더 중요하다.

4) 그러면 왜 금융공기업이나 은행 지원자들은 이런 착한 척하는 감성적 표현들을 반복해서 나열할까? 그 이유는 지원동기나 입사 후 계획을 쓸 소재가 없고 잘 모르기 때문이다. 쓸 소재가 없고 모르는 이유는 간단하다. 지원동기나 입사 후 계획을 쓰려면 금융 기관의 목적이나 역할, 그리고 금융 업무에 대한 지식이나 정보가 있어야 하는 데 없기 때문이다. 그러니 착한 척하는 감성적인 지원동기를 쓰면서 대충 때우고, 금융업

무를 잘 모르니 입사 후 계획은 정성적인 글들, 예를 들면 자격증들을 따거나 대학원 가겠다는 계획들을 읊조리고 있는 것이다. 그러한 입사 후 계획을 누가 믿겠는가? 아직도 아마추어 사고방식에서 벗어나지 못하고 있다.

5) 금융 기관이 교육 기관인가? 금융 기관은 성과를 내고 실적으로 증명해야 하는 곳이다. 금융 기관의 수익은 공공성의 원천이며 경제 발전의 토대이다. 수익에 대한 고민보다는 모두 착한 척하느라 봉사 활동이나 고민 상담, 솔선수범 같은 동일한 소재들과 스토리 라인들만 난무한다.

6) 금융 실무를 모르면 배우고, 지원동기가 힘들면 찾아야 한다. 배우기 싫어하고 찾기 싫어하니 감성만 가득한 글들을 쓰며, 그나마도 남들이 쓰거나 시중에서 돌아다니는 유행어인 '선한 영향력' 운운하고 있다.

8. 일관성 있는 글을 써라.

1) 자소서가 중요한 이유는 소통의 도구로서의 역할 때문이다. 대다수의 지원자들이 자신의 소통력을 강조할 때 말보다는 글이 더욱 중요한 도구로 작용한다. 말은 한 번 발하면 공중으로 사라지지만, 글은 기록으로 남기 때문이다. 소통력을 강조하더라도 실제 자소서를 읽어보면 그들의 소통력이 그리 강하지 않음을 알 수 있다.

2) 특히, 불일치와 일관성 부재는 탈락의 가장 큰 이유가 될 수 있다. 실제로 금융 기관 입사 후에 가장 중요한 업무 중 하나는 보고서 작성이다. 보고서는 조직 내 소통의 주요 수단으로 작용한다. 그렇기 때문에 자기 소개서부터 부족함을 드러낸 지원자라면 금융 기관이나 금융 분야에 대한 보고서 작성을 얼마나 잘할 수 있을지 의문이 든다.

3) 예를 들어, 자기 소개서에서 금융 기관과 가장 적합한 인재상을 '적극적인 고객 대응'으로 꼽았다가 다음 항목에서는 '우유부단'을 언급하는 경우를 생각해보자. 적극적인 고객 대응을 하는 사람이 우유부단할 가능성이 높은가? 이러한 불일치는 자소서의 일

관성을 흐트리는 요소로 작용한다.

4) 금융 기관 자소서는 솔직함을 기반으로 작성해야 한다. 가식적인 표현(예를 들면, '선한 영향력', '공공성' 등)만 강조하면 모든 지원자들의 자소서가 비슷해지고, 모범적인 내용만 채워진다. 이는 지원자들의 이야기가 평범하고 스토리 라인이 진부하며 뻔한 교훈만을 제시하게 된다. 이러한 요소들은 자소서 작성에서 피해야 할 것이다.

9. 미리 자소서를 쓰기 시작하고, 마지막까지 퇴고하라.

1) 자소서는 미리 작성하는 습관을 들이는 것이 바람직하다. 막판까지 미루다가 제출하게 되면 퇴고나 확인의 시간을 확보하기 어렵다. 따라서 자소서 공고가 올라온 날부터 적극적으로 자소서 작성에 착수하는 것이 필요하다. 매일 조금씩이라도 쓰면서 점진적으로 내용을 완성시켜 나가면, 최종적으로는 품질이 높아지게 될 것이다.

2) 매년 면접 시즌이면 이런 지원자들이 꼭 나타난다. 필기 시험을 통과한 후에도 자소서의 오탈자나 오기재로 인해 고민하는 지원자들이다. 자소서에서는 꼼꼼함을 강조했음에도 불구하고 실제로는 오류로 가득한 지원서를 제출하는 것은 신뢰를 떨어뜨리는 결과를 낳을 수 있다. 따라서, 중요한 자소서 작성을 시간에 쫓기며 급하게 쓰는 것은 좋지 않은 습관이다. 미리 준비하여 퇴고하는 것이 필요하다.

3) 특히, 금융공기업을 준비하는 지원자들은 시간이 흐를수록 느껴지는 불안감을 경험할 수 있다. 잘 준비한 지원자들의 감동적인 자소서와 안일하고 평범한 자기소개서의 차이는 준비 기간과 열정에 따라 결정된다. 따라서, 항상 미리 준비하는 노력과 열정을 가지는 것이 중요하다. 미래에 대한 열망과 준비는 자신의 자소서를 차별화시키는 원동력이 될 것이다.

10. 내가 쓴 이전 자소서들도 "복사 붙여넣기"는 하지 말자.

1) 많은 지원자들이 이전 타기관 자소서에서 작성한 경험 글이나 내용을 그대로 복사하여 사용하는 경향이 있다. 하지만, 각 기관의 자소서 질문은 엄밀히 보면 다르기 때문에 이것은 안 좋은 습관이다. 예전 자소서를 그대로 가져와서 사용하는 것보다는 몇 개월간의 공부나 새로운 경험들을 반영하여 변화를 줄 수 있도록 노력해야 한다. 따라서, 기존 자소서를 그대로 사용하는 것은 권장하지 않는다.

2) 자소서 작성은 효율보다는 효과가 중요하다. 따라서 힘들더라도 질문에 명쾌하고 구체적으로 맞는 답을 꼼꼼하게 작성해야 한다. 효율을 높이기 위해 이전 자소서를 복사하여 사용하는 것은 쉽고 유혹적일 수 있지만, 이는 결과적으로 자신의 창의성과 독창성을 저해할 수 있다. 따라서 효율적인 자소서 작성을 위해 노력하되, 과거의 성과나 경험을 새롭게 해석하여 효과적으로 표현하는 것이 중요하다.

11. 기타 지켜야 할 것.

1) 자소서 작성 전에 목차 작업을 먼저하는 것이 좋다. 목차 없이 글을 쓰다 보면 요구하는 양을 채우기가 어려워질 수 있다. 따라서, 자소서 전체 항목과 소재에 대한 구상을 먼저 하고 목차를 작성하는 것이 필요하다.

2) 소제목은 참신하고 읽고 싶은 내용을 담도록 설정하는 것이 중요하다. 소제목은 글의 내용을 예측하고 관심을 유발하는 역할을 한다. 따라서, 모범적이고 너무 추상적인 소제목보다는 독창적이고 흥미로운 소제목을 선택하는 것이 좋다. 이를 통해 자소서를 읽는 사람들의 관심을 끌 수 있다.

chapter 2

자주 등장하는
질문 유형별 해법과 사례

1. 잘못된 글

금융공기업과 은행 취업의 첫 관문! 자기소개서이다.

문제는 소위 말하는 자소서에서 매번 탈락을 하거나, 자소서 통과의 빈도가 낮다면 취업의 첫 걸음부터 좌절하게 된다. 그리고 자연스레 자신감은 떨어지기 마련이다. 책상 위 노트북 앞에 앉아서 궁싯거리기만 할뿐, 뾰족한 대책은 떠오르지 않고 하염없이 시간만 흘러간다. 창작의 고통을 뼈저리게 느끼게 되는 것이다. 10년 넘게 금융공기업과 은행의 자소서를 읽고 첨삭하며 지도하다 보면, 명확히 나타나는 현상이 있다. 바로 빈익빈 부익부 현상이다. 자소서 통과를 하는 지원자는 늘 매우 쉽게 통과한다. 반면, 자소서 탈락하는 지원자는 탈락이 계속 반복된다. 그 이유는 무엇일까? 어떤 차이가 존재할까? 먼저 탈락하는 자소서들의 공통점부터 알아보자.

1. 끝까지 모범성을 사수한다. 마치 16세기 한국 고전문학을 읽는 느낌이다. 권선징악의 범주를 극복하지 못한다. 금융공기업과 은행은 21세기 들어 끝없는 혁신과 창조를 지원자들에게 요구하고 있는데, 자소서의 글들은 16세기에 멈춰 있다.

2. 기관에 대한 한없는 찬가들이 이어진다. 15세기 용비어천가를 보는 느낌이다. 충성심이 가득하다. 냉철함은 없고 뜨거운 가슴만 있다. 하지만 이러한 뜨거운 가슴도 자소서 내용적으로는 증빙하지 못한다.

3. 항목당 마무리는 '무조건 되겠다'라고 하며 포부나 의지를 강조한다. 묻지도 않은 질문인데 말이다. 전형적인 동문서답이다. 포부는 실제로 상당히 중요한 질문이다. 구체성과 현실성이 핵심이다. 항목 끝마다 미사여구처럼 갖다 붙이는 선언적 포부는 전혀 도움이 되지 않는다.

4. 글에 반전이나 참신함이 없다. 그냥저냥 나열했다. 눈높이 교육, 설득, 희생, 화합 같은 행동들이 대부분이고, 소통력, 책임감, 꼼꼼함 같은 단어들만 반복된다.

5. 자소서 전체적으로 숫자가 실종되었다. 다양한, 많은, 매우 같은 uncountable한 형용사들만 많다. 즉 구체성이 결여된 것이다.

6. 소제목에 정성이 없고 늘어진다.

7. 어떠한 인용이나 고민이 없다. 본인의 머릿속에서 해결하지 못하면 다른 사람들의 멘트라도 활용해야 하는데, 이런 노력들도 보이지 않는다.

이 중에서 본인의 자소서에는 몇 개가 해당되는지 살펴보라.

물론 위의 항목들을 사용해서 자소서를 작성해도 합격하는 지원자들도 있다. 하지만, 이는 그 친구의 운이 좋았을 뿐이다. 나에게 그런 운이 함께 하지 않는다고 느낀다면, 이제부터는 합격하는 자소서를 작성하려고 노력하면 된다.

합격자소서.

어려울 것 같지만, 방법만 알면 아주 쉬울 수도 있는 것이 합격자소서 쓰기이다. 뚫고 올라가면 어렵지 않지만, 뚫기 전에는 매우 어렵다고 느끼게 된다.

대구은행 합격자의 후기를 읽어본 후, 2)편부터는 본격적으로 합격자소서의 기법들을 알아보자.

> **슈페리어뱅커스 김정환 쌤 자소서 강의 후기**
>
> 안녕하세요 대구은행 5급 행원으로 합격한 학생입니다. 제가 쌤께 도움 받았던 건 자소서강의와 첨삭이었어요. 논술강의도 너무 듣고 싶었는데, 필기 시험 공부하고 주말엔 과외 알바 하느라 못 듣고 "이것이 금융 논술이다" 시리즈 세 권 사서 여러 번 정독했습니다. 실제 첨삭된 글과 간단히 이슈가 정리되어 있어서 다른 책들보다 훨씬 보기 편했어요.
>
> 금융공기업 논술 준비하시는 분들 중 시사논술 하셔야 하는 분들께 추천합니다. 그리고 강의 중에도 말씀해 주시지만 연구보고서 읽는 방법도 많은 도움이 되었어요. 확실히 신문에서 다뤄지는 기사들의 중요도도 한눈에 보이고, 반복되는 기사들 읽다 보면 자연스레 주요 이슈에 대한 시각도 키워지는것 같습니다. 이 습관 덕에 최종 면접 때 시사질문도 논술 목차 잡듯이 근거 잘 대면서 답변할 수 있었다고 생각해요. 피티면접도 도움되었어요. 피티도 결국 논술과 이어진다고 말씀해주시면서 여러가지 말씀해 주셨는데 합숙면접 준비할 때 그때 정리 했던 것 다시 읽으며 도움 받았어요. 지금 돌이켜보니 진짜 도움 많이 받았네요.
>
> 자소서 강의 들으시고 기업자료 분석하는 틀과 방법들 얻어 가시기 바래요. 정리 싹 해 주시니 이번에 원서 60개가량 쓰면서도 기업분석으로 고민한 적은 없었습니다. 승률도 좋았어요. 지금이 10.23.인데 오늘까지 발표 안 난 20여 군데 정도 빼고 40개 중에 (금공, 증권사,대기업 모두 포함해서) 21개합격하고 19개 탈했는데, 제가 꼭 가고 싶다고 철저히 준비했던 곳들은 서류만큼은 70퍼이상 합격되었어요.서류에서 많이 안 뽑는다고 악명 높던(사무직3~4명..) kgc인삼공사도 합격했는데 여기 1차 합숙면접이 대구은행 최종이랑 겹쳐서 안 갔습니다. 탈락한 곳들은 열심히 쓴 곳들 자소서 복붙했습니다만, 아무래도 지원동기부터 오래 노리고 쓴 곳들보단 확실히 인담자 분들이 보시기에도 그 차이가 컸나 봅니다.
>
> 대구은행이 붙어서 삼전(필기발표는 내일이지만), LF, 대한항공 2차 면접, 미래에셋대우 ib,e1, kt, 인삼공사, 하나은행, 금융결제원 등 전형 남은 곳들은 모두 깔끔히 포기 하고 연수 갑니다. 다른 곳들이 안 좋다는게 아니라 제 서합률이 엄청 좋았다는 걸 말씀드리고 싶습니다! 다른 분들께도 말씀드리고 싶어요. 쌤께 도움 받고 어차피 거쳐 가야할 길들인데 fast track 이라 생각하고 강의 듣고 방향 잡으세요. 최소한 서류탈은 크게 줄고, 필기 집중하시게 될 거에요. 취준하면서 방황하는 기간 줄이기엔 쌤이 최고의 서포터라 생각합니다!

2. 입사 후 계획 1

관성의 법칙이란 말이 있다. 외부에서 별도의 힘이 가해지지 않는다면, 모든 물체는 자기의 상태를 그대로 유지하려고 하는 것을 말한다. 금공, 은행 취업을 목표로 하는 취준생들은 관성의 법칙처럼, 그냥 하던 대로만 취업준비를 유지하고, 실행하고 있지 않은가에 대하여 스스로 경계하고 되돌아 봐야 한다. 남들의 혁신이나 변화는 쉬워 보이고 작아 보이지만, 스스로의 혁신이나 변화에는 안일하며 주저하는 것이 관성의 법칙이다.

오랜 기간 금공, 은행 준비생들을 보면서 탈무드의 가르침이 떠올랐다.

"현명한 자는 앞으로 나올 구덩이를 예측해서 구덩이에 빠지지 않는 사람이고, 요령 있는 자는 구덩이에 빠지기는 하지만 그 후에는 어떻게든 구덩이에 빠지지 않으려 노력하는 사람이며, 미련한 자는 나오는 구덩이 마다 매번 빠지는 사람이다."

금공과 은행을 준비하는 자들은 적어도 요령 있는 자는 되어야 한다. 물론 10년간 금공과 은행 취준생들을 지도하며 현명한 자들도 많이 보았다. 하지만 극히 드물다. 절반 정도는 요령 있는 자였고, 절반 정도는 미련한 자들이었다.

필자가 느낀 구덩이마다 빠지는 미련한 사람은 3가지 공통점이 있다.

① 시간 관리를 못한다. 항상 중요한 일을 급한 상황에 처하게 만든다.

② 남 탓을 잘한다. 자소서 탈락이나 면접 탈락의 이유는 심사자나 면접관 탓이며, 부족한 시간 탓을 하며, 급기야는 날씨 탓까지도 한다.

③ 변화에 적극적이지 못하다. 즉 고민만 하고 행동은 늦다.

여러분들은 어떤 사람들인가? 연 이은 자소서의 탈락에도 관성의 법칙처럼 하던 대로만 계속 해 나갈 것인가? 아니면, 외부의 힘에 자극되어 스스로 관성의 힘에서 벗어날 것인가?

오늘 먼저 검토해 볼 자소서는 무역보험공사 자소서이다. 이 자소서 또한 목표가 명확하다. 지난 편에서 강조했지만, 입사 후 포부는 자소서의 차별화를 극대화 시킬 수 있다. 그리고 이러한 포부나 계획은 면접까지 작용된다. 면접관들에게까지 충분히 어필될 수 있음에 유념해야 한다.

다음 사례는 한국무역보험공사 자소서이다.

[Plant, 뿌리부터 튼튼하게]

중소플랜트 기업의 해외 진출을 도와 우리나라 경제의 파이를 키우고 싶습니다.
플랜트 사업은 중후장대 산업으로 많은 고용을 창출하는 생산적인 사업이지만, 대기업들이 많이 진출해 있는 진입장벽이 높은 시장입니다. 이를 지원하기 위해, 중소 플랜트 기업의 마케팅 지원은 물론 프로젝트의 심사를 담당하며 재무적 리스크뿐만 아니라 환경, 사회와 같은 비재무적 리스크를 파악함으로써 부실 가능성이 낮은 우량한 사업을 추진하고 싶습니다.
이러한 목표가 다른 곳이 아닌 한국무역보험공사에서 실현될 이유는 다음과 같습니다. 첫째, K-sure는 바젤시스템의 규제를 받지 않습니다. 다른 무역 관련 금융기관보다 이러한 규제 측면에서 더욱 자유로우므로, 더욱 혁신적인 기업에 지원할 수 있을 것으로 생각합니다. 둘째, K-sure만의 문화적 경쟁력입니다. K-sure는 직원 개인이 그리는 그림이 실현되는 부드러우면서도 적극적인 조직문화를 가진 것으로 알고 있습니다. 이러한 문화 속에서 리스크 관리 등 경영학적 지식을 활용해, 중소기업의 플랜트 사업의 경쟁력을 강화하여, 플랜트 수출국 1위 달성에 기여하는 꿈을 이루겠습니다.

[무역프론티어의 1등 서포터]

조사·인수 직무를 선택한 이유는 무역보험이 든든한 에어백으로 작용하며, 우리 기업이 새로운 시장으로 진출할 수 있도록 기여하고 있기 때문입니다. K-sure는 신남방, 신북방 국가로의 수출과 플랜트 금융을 지원하며 우리나라 무역의 영토를 넓히고 있습니다. 저는 플랜트 금융 2부의 중소형 프로젝트팀에서 플랜트 금융의 첫 단추인 프로젝트 심사를 담당하고 싶습니다. 기술, 환경, 사회 심사의 기준에 따라 프로젝트를 평가하는 것은 플랜트 금융에 내재된 리스크를 파악하는 첫 단추이기 때문입니다.

[미시 PF 분석]

프로젝트 심사를 수행하기 위해 반드시 필요한 역량은 프로젝트 자체와 기업을 분석하여, 이를 바탕으로 정확한 판단을 내리는 것입니다. 이를 위해선 기업이 제시한 자료를 합리적 의구심을 가지고 면밀히 분석하고, 환경, 사회와 같은 다양한 국제 기준에 부합하는지 파악해야 합니다. ESG평가사에서 기업들의 재무적 요인뿐만 아니라 대표적인 비재무적 요인인 환경, 사회, 지배 구조를 유엔의 SDGs에 따라 평가하며, 이러한 분석 능력을 길러왔습니다.

먼저 긍정적인 면을 살펴보자.

- 플랜트 금융전문가, 플랜트금융 2부 등 목표와 계획이 명확하다.

- 무보의 특성을 다른 측면에서 풀었다. 바젤룰을 충분히 이해하면 이러한 원리를 충분히 도출할 수 있지만, 바젤룰을 외우면서 공부하는 친구는 이해가 어려울 것이다.

- PF금융을 다루었다. 이제는 금융실무도 상당히 중요해지는 느낌이다. 실무적으로 공부한 글들이 나오면, 심사자는 그냥 지나칠 수가 없다. 대부분 실무를 모르고 있기 때문에 뜬구름 잡는 포부를 쓰기 때문이다.

반면에 부정적인 면도 있다.

- PF금융이나 플랜트 금융의 원리를 기반으로 한 구체성은 보이지 않는다. 그냥 터치한 정도이다. PF금융은 많은 금공 지원자들이 관심을 갖는 분야지만, 그 사업성 분석 방법과 리스크를 알면 PF금융 전문가가 되겠다고 말하기는 쉽지 않다. 플랜트 금융도 마찬가지이다. 기본적으로 Bond에 대한 이해가 필요하다. 예를 들면 AP BOND, P BOND 등이 그렇다. 용역, 건설, 플랜트 선박 금융은 구조를 어떻게 짜느냐에 따라, 다양하게 파생될 수 있지만 기본적으로는 Bond에 대한 이해 더 나아가 Standby LC등도 공부를 해야 한다.

다음 사례는 신한은행 자소서이다. 은행 자소서는 일반적으로 입사 후 포부를 꼭 직접적으로 묻지는 않지만(자소서 질문으로 포부를 묻는 빈도가 낮다는 의미이지, 안 묻는다는 것은 아니다), 간접적으로 표현할 기회는 많다. 그리고 현명한 은행 지원자들은 입사 후 포부를 적극적으로 어필한다. 차별화가 가능하기 때문이다.

본인이 지원한 분야에서 직무를 수행하기 위한 본인만의 준비 내용을 작성해 주세요.

[先에서 나오는 善한 서비스]

두 가지 경험을 통해 고객 중심 사고를 길렀습니다.

첫 번째, 서비스 경험을 쌓았습니다. 2년 동안 과외를 하고, SAT 학원에서 학부모 응대 업무를 수행했습니다. 높은 수익이 보장되는 대신, 그에 걸맞은 서비스를 제공해야 했습니다. 깔끔한 이미지와 세심함이 중요하다는 것을 배웠습니다. 외적 측면뿐 아니라 어휘 선택도 신중히 했습니다. 또, 궁금해하실 만한 유용한 정보를 파악해 먼저 제공했습니다.

두 번째, 타겟을 분석해 니즈를 도출한 경험이 있습니다. KT&G 기업 이미지 개선을 위한 CSR 아이디어와 실행 방안을 제안하는 공모전에 참가, 장려상을 받았습니다. 타겟으로 선정한 대학생 유저가 많은 '잡코리아'와 '알바몬'의 통계를 종합, '대학생들의 낮은 독서율'을 주제로 선정했습니다. 경험 소비를 중요시하는 타겟 특성을 고려해, 책과 문화 행위를 연결한 CSR을 기획했습니다.

지원한 분야에서 본인이 이루고 싶은 목표를 작성해 주세요.

[당신의 꿈에 +α를 제공하는 신한은행]

일본 롯본기에 위치한 스루가은행에는 도서관이 있습니다. 'd-labo'라는 이름의 도서관의 컨셉은 '돈'이 아니라 '꿈'이었고, 이는 제가 생각하는 은행의 역할과 일치합니다. 고객이 꿈에 한 발짝 더 다가가는 데 도움을 주는 PB가 되어, 신한이 꿈을 이루는 공간이 되는 데 이바지하고 싶습니다.

신한은행 종합업적평가대회에서 으뜸상을 3번 수상한 김지영 PB팀장님의 인터뷰 기사를 읽었습니다. 현재 성과에 머물지 않고, 일본어 실력을 바탕으로 고객 기반을 해외로 넓히는 글로벌 PB를 목표로 하시는 점이 인상 깊었습니다. 전공인 OOO어 실력을 발휘해 글로벌 은행으로 도약하는 신한은행과 함께 글로벌 PB로 성장하고 싶습니다. 또한, 문화 콘텐츠 역량을 심화시켜 차별성 있는 서비스를 제공하고 싶습니다. 금융지식으로 고객의 자산 관리는 물론, 그 외 영역에서도 삶을 더 풍성하게 만들기 위해 고민하는 PB 전문가로 성장하겠습니다.

먼저 긍정적인 면부터 보자.

- 소제목에서 언어 유희적인 표현이 있다. 개인적으로는 상당히 선호하는 소제목 작성 방식이다.

- 병렬식 구조이다. 역시 첫째, 둘째의 병렬식 구조는 깔끔하다.

- 인용을 했다. 인용은 잘만 활용하면 글을 풍성하게 만드는 요소이다.

반대로 부정적인 면을 보자.

- 목표의 일관성과 구체성이 떨어진다. 이것저것 포부를 열거하고, 그리고 풍성함으로 이어지는 포괄적인 포부의 구조이다.

다음 자소서는 우리은행 자소서이다. 참고로 이 자소서는 특성화고 학생의 자소서이다.

입행 후 우리은행에서 이루고자 하는 목표와 포부에 대해 설명해 주십시오.

[목표]

선(先) : 제 단기적 목표는 스마일 전도사가 되는 것입니다. 영업점 근무를 통해 수신, 여신, 외환 업무 등을 착실히 익히며, 고객을 미소 짓게 하는 행원이 되겠습니다.

후(後) : 제 장기적 목표는, 전략기획부문에서 능력을 발휘해 보고 싶습니다. 은행 내의 작은 문제점들이라도 눈썰미로써, 아이디어로써, 고민을 통해 좋은 시스템을 구축해 내겠습니다.

[포부]

1. 은행원의 최우선 덕목은 친절함이라고 생각하기에, 항상 웃는 얼굴로 고객과 선배님들을 대하겠습니다. 이러한 미소는 고객들에게는 다시 영업점을 찾게 하는 신뢰의 첫걸음이 될 것이며, 선배님들께는 활기찬 에너지를 전파할 수 있기 때문입니다. 또한 이러한 미소는 영업점의 실적을 신장시키는 정성적인 동인(動因)이 될 것입니다.

2. 규정 숙지와 전산 시스템 익히기에 최선을 다하겠습니다. 규정은 은행원의 뼈대가 되며, 능숙한 전산능력은 사소한 실수라도 미연에 방지할 수 있기 때문입니다.

3. 행 내외 연수에 적극적으로 참여하겠습니다. 전문가가 되는 것은, 저 스스로에게도 뿌듯한 일이지만, 고객분들께 더 정확하고 바른 길로 인도하는 나침반을 보유하는 것이라 생각하기 때문입니다.

긍정적인 면들만 보인다. 개인적으로 이런 스타일의 글을 좋아한다. 군더더기가 없기 때문이다.

- 질문에 맞게, 있는 그대로 목표와 포부로 분류했다. 최근 많은 자소서들을 보면 동문서답들이 즐비한데, 명쾌하게 답했다.
- 연역적이다. 이 말은 목차 작업을 선행 후 글을 썼음을 의미한다. 생각나는 대로 기술하는 것이 아니라 목차 작업 후 글을 조립했다.
- 사실, 은행원들에게 실질적으로 중요한 내용을 담았다. 많은 글들이 고객 서비스, 화합, 소통력, 책임감 등을 담고 있지만 실무적으로 가장 중요한 것은, 규정 숙지, 전산 실력, 교육 이수 등이다. 이런 부분들을 강조했다.

3. 입사 후 계획 2

이전 편에서 밝혔다시피, 입사 후 포부나 계획은 '매우' 그리고 '매우, 매우' 중요한 항목이다. 이 부분을 성의 없이 작성한다면, 자소서 탈락의 가능성을 스스로 높이는 것이다. 입사 후 계획은 정교하고 현실적으로 작성해야 한다. 자소서 심사자들의 감동 포인트가 충분히 될 수 있는 항목인데, 많은 지원자들이 등한시하는 것을 많이 보았다.

좋지 않은 입사 후 포부 사례들의 교집합이 있다.

① 정성적인, 감성적인 선언문이다.

② what만 있고 how가 없다.

③ 포괄적이고 두루뭉술하다.

본인의 자소서들을 복기해보자. 앞의 3가지 조건 중 몇 가지가 걸리는가?

다음 사례는 KDB산업은행 합격자소서 사례이다. 그리고 이 자소서는 실제 한국KDB산업은행 인사부 담당자들로부터 칭찬을 받은 자소서로 알고 있다.

입행 후 계획

예 입행 후 학업이나 미래에 대한 계획
　　도전하고 싶은 분야(목표 및 계획)

산업구조 안정화에 기여하는 창의적 금융상품 개발

오늘의 한국 산업 구조는 중간 규모 기업군이 취약한 모래시계형을 이루고 있어 안정적이지 못합니다. 저는 이러한 불안정한 산업 구조를 자본의 신용 창출 능력을 통해 해결할 수 있다고 생각합니다. 그리고 KDB산업은행의 위상과 전문성은 자본이 필요한 곳에 흘러갈 수 있도록 적절한 금융상품을 개발하는데 중추적 역할을 할 수 있습니다.

KDB산업은행 주도로 시행된 회사채 신속인수제도의 프라이머리 CBO는 신용보증기금의 신용공여를 통해 부실 회사채의 신용 등급을 높이며, 회사채 시장 정상화에 기여할 수 있습니다. 또한 선진국에서 시행 중인 사회연계채권(SIB)이나 녹색채권은 위험과 수익이 귀속되어야 할 주체를 먼저 고려하고 이에 따라 새롭게 채권의 수익과 위험을 구조화한 것입니다. 단순히 수익의 관점이 아닌 사회적 관점에서 수익과 위험의 귀속 주체를 적절한 곳으로 다변화시킨 위의 채권들은 신선한 충격이었으며, 채권의 활용 가능성이 보다 넓다고 생각하게 된 계기였습니다. 저는 적절한 경제 주체에 위험을 부담시키고 수익을 배분하여 건강한 산업 구조를 만드는 데 일조하는 '비타민' 같은 채권을 만들고 싶습니다. 이를 위해서 입행 후 5년은 자본시장 부문에서 채권의 발행과 관련한 기본 실무를 배워 채권 발행의 생리를 파악할 것입니다. 채권 세일즈, 트레이딩 등 가능한 모든 분야를 두루 접하며 통찰력을 배양하고 업무에 필요한 네트워크를 형성할 것입니다. 이후에는 창의적인 채권구조화를 위해 다양한 공부를 병행하겠습니다. 5년에서 10년 사이에는 금융감독원의 규칙과 자본시장법에 대해서 공부하고, 각종 기관에서 실시하는 채권 신용 분석 과정 등을 수강함으로써 전문적인 지식을 쌓을 것입니다. 자본이 투입되어야 할 미래 산업을 읽을 수 있도록 산업 동향을 읽는 데에도 게을리하지 않을 것입니다. 입행 후 15년 내에 국내 산업 환경 개선에 기여하는 한국형 간접 산업 개발 채권을 제 손으로 만들고 싶습니다.

잘 된 부분을 살펴보자.

– 목표가 명확하다.

– 채권 개발 전문가. 한 걸음 더 나아가 한국형 간접 산업 개발 채권을 만들겠다.

- 방법이 제시되었다.

　가. 네트워크 형성(실제 채권시장은 펀드매니저와 법인 영업담당자, 그리고 애널리스트들 사이에 긴밀한 소통이 중요하다.)

　나. 금감원 규칙, 자본시장법 공부(물론, 5년간 공부할 내용은 아니지만 이 정도는 봐주자.)

　다. 각종 기관에서 실시하는 채권신용분석 과정 수강(물론, 이 부분도 조금 더 구체적이면 좋다. 각종 기관으로 표현할 것이 아니라 구체적인 대·내외 연수기관과 개설 과정을 확인하고 명시하는 것이 더 바람직하다.)

- 감성적이거나 포괄적이지 않다.

다음 사례는 금융감독원 합격자소서 사례이다. 참고로 이 지원자는 공대 여학생이었지만, 경영직렬로 전형에 참여했던 케이스이다. 이 지원자의 글은 입사 후 포부라는 본질적인 내용에 더해 부수적으로 문장력이 상당하다는 장점도 관찰된다.

* 본인이 희망하는 분야의 전문가가 되기 위해 어떤 노력을 하였습니까? 남들과 차별화되는 본인만의 경험 또는 노하우가 있다면 무엇입니까?

구체적으로 어느 분야에서 어떤 전문가로 활동하고 싶습니까?(200자)

역사상 어느 산업보다도 빠른 속도로 성장하고 있는 ICT산업은 거대한 '제4의 물결'이 되어 산업 간의 장벽을 허물고 있습니다. 과거 기간산업을 보조했던 금융업이 어느 순간 스스로 수익을 창출하는 하나의 독자적 산업이 되었듯, 제조업, 서비스업 등의 여타 산업의 보조 산업으로서 역할 하던 ICT산업이 그러한 모습을 보이는 바, 국내 금융시장에서 이를 보여주는 사례가 'Messenger banking의 등장'라고 생각합니다. 저는 금융감독원에서 이러한 새로운 금융의 등장과 빠른 변화를 관찰하고 대응하는 전문가가 되겠습니다.

본인이 그 동안 전문가가 되기 위해 어떤 노력을 기울였습니까?(200자)

전문가란, 시대 변화 속에서 특정 분야를 읽고 집어내어 이를 본인의 경쟁력으로 내재화한 사람입니다. 2013년 7월, 같은 대학교의 기술경영대학원에서 IT업계 출신으로 금융을 연구하는 교수를 찾아가 학부 연구생으로 1년간 4개의 프로젝트에 참여하였습니다. 무섭게 성장하는 해외의 핀테크를 보며, 국내 시장에도 곧 등장할 변화를 앞서 공부하여 제 경쟁력으로 삼고 싶었고, 이를 위해 해당 분야의 교수 밑에서 연구에 참여하며 시장을 읽고 문제를 찾아내는 눈을 기르기 위해 노력하였습니다.

전문가가 되기 위한 자신의 노력을 평가해 봅니다. 지금까지 달성한 본인의 수준은 어느 정도가 된다고 생각하는지 기술하십시오.(200자)

금융시장 일대의 변화를 경영학의 눈이 아닌, 공격자인 IT의 눈에서 접근하기 위해 고민하고 투자한 1년이었습니다. 생각을 머리에서 멈춘 것이 아니라 방법을 찾고 부딪히며 행동으로 실천했다는 점에서, 시작이 반이라는 말처럼 50%는 달성하였다고 생각합니다. 그러나 금융감독원의 일원을 목표하는 제게는 감독 업무를 수행할 수 있는 한 사람의 감독원 직원이 되기 위해 익혀야 할 50%의 과제가 남아있습니다. '금융감독원의' 전문가가 되기 위해, 전문가인 '금융감독원 직원'이 되기 위해 더욱 노력하겠습니다.

잘 된 부분을 살펴보자.

- 시대적 흐름을 적극 반영했다.

- ICT(디지털은 지금 메인 스트림이다. 디지털 역량은 분명 미리 준비하면 좋다. 작년 선호도 높은 금공에

   입사한 한 지원자는 1년간 딥러닝까지 파고들만큼 공부했다. 행정학과 출신인데도 말이다.)

- 독서량이 상당하다.

   가. "과거 기간산업을 보조했던 금융업이 어느 순간 스스로 수익을 창출하는 하나의 독
   자적 산업이 되었듯, 제조업, 서비스업 등의 여타산업의 보조산업으로서 역할 하던
   ICT산업이 그러한 모습을 보이는 바"

   나. "전문가란, 시대 변화 속에서 특정 분야를 읽고 집어내어 이를 본인의 경쟁력으로
   내재화한 사람입니다."

독서를 통해 얻게 된 내용들을 내재화한 후 자소서에 녹이는 것은 상당히 좋은 글을 쓰는 방법이 될 수 있다.

- 다만, 구체성의 면에서는 다소 떨어진다. 하지만, 이는 당시 금융감독원 자소서의 질문자체가 미래형 포부보다는 과거의 경험이나 생각을 물었기 때문에 생긴 결과로 보인다.

다음 사례는 한국수출입은행 합격자소서 사례이다. 참고로, 이 지원자는 의외로 담대하게 필기전형과 면접 전형을 치뤘고, 나도 이 친구에 대해서는 크게 걱정하지 않았던 기억이 있다. 특유의 긍정성이 인상적이었던 지원자이다.

지원자의 커리어(Career) 상 최종 목표를 제시한 후, 이를 한국수출입은행에서 어떻게 구현할 수 있을지 지원자의 향후 한국수출입은행에서의 가상의 경력 경로(CareerPath)를 포함하여 구체적으로 기술하십시오.

우리 사회 이익에 직접적이고 체계적으로 기여하고자 하는 커리어 목표는 한국수출입은행의 서비스산업 발전 및 수출 장려 비전과 일치합니다. 한국경제는 반세기 동안 제조업을 필두로 세계 11위 경제대국으로 성장했지만, 제조업만으로는 분명한 성장한계가 존재합니다. 갈수록 심해지는 실업, 빈부격차, 가계 부채 등의 사회문제는 경기침체와 저성장 고착화 때문이며, 한국경제의 지속 가능한 발전을 위해서라도 서비스산업 중심의 새로운 성장동력이 필요합니다. 국내 서비스산업 생산성은 제조업의 40%에 불과하고, 이마저도 음식숙박업의 전통적 분야에만 집중되어 있습니다. 부가가치가 높은 의료, 컨텐츠, 금융과 같이 잠재력이 큰 부문에 집중 투자가 필요하며, 서비스산업의 내수시장 규모가 협소하기에 역으로 수출장려를 통한 경쟁력 확보가 중요합니다.

한국수출입은행에 입행 후, 서비스산업금융부 업무에 빠르게 적응하여 유망 서비스산업의 해외 진출을 돕는데 일조하고 싶습니다. 제조업 중심의 여신제도와 신용평가 모형을 서비스산업 성장 가능성을 반영시키는 방향으로 전환/피드백하고, 해외 진출 펀드 및 신용대출 지원의 업무를 통해 국내 기업들이 규모와 상관없이 글로벌 경쟁력을 기르도록 적극 지원하겠습니다.

이것이 금융 취업 입문서이다

서비스산업은 비가시적이고 변동 위험이 크기 때문에 리스크 관리 능력이 매우 중요한데, 이러한 역량은 입행 후 5년간 순환근무를 통해 다양한 사업 포트폴리오를 직간접적으로 체험하며 강화 시킬 것입니다. 또한 업무에 충실한 동시에, 재무적 역량을 위한 자격증 공부는 물론 비재무적 전문성을 높이기 위해 교육 프로그램을 적극 활용하여 전문성 있는 행원으로 성장하겠습니다. 10년 후에는, 사업기회 발굴-인프라 구축-금융지원-현지화 운영의 전단계적 솔루션을 제공할 수 있는 서비스산업 전문가가 되어, 상생발전과 고용창출에 이바지하는 인재가 되겠습니다.

어떤 부분이 잘 작성된 것 같은가?

- 서비스산업 금융부라는 목표가 명확하며, 더 나아가 서비스산업 전문가가 되기 위한 서비스산업의 시대적, 역사적 필요성을 인트로에 배치함으로써, 주의 환기 효과를 일으켰다. 뿐만 아니다. 수출산업으로의 서비스업의 필요성을 정말 잘 연계시켰다.

- 서비스산업의 문제점에 대한 인식이 명확하다. 저부가가치 서비스업 비중이 높은 한국 서비스 업의 문제점을 짚었다.

- 제조업 중심의 여신제도와 신용평가 모형은 한국 경제의 성장 과정에서 나타난 제조업 위주 지원의 한 단면이다. 이를 명확히 문제 제기했고 서비스 중심의 신용평가 모형에 대한 필요성은 나도 공감한다.

결국 입사 후 포부나 계획을 잘 작성하기 위해서는,

- 목표가 명확해야 한다(여기서의 목표는 회사가 아니라 업무적 목표를 의미한다).

- 목표에 대한 선행지식이 필요하다. 이제는 기본적인(심층적이지는 않더라도) 업무 지식이 필요해 진 것이다.

- 목표를 뒷받침할 방법이나 계획이 차별화되어어야 한다.

4. 지원동기

지원동기 작성은 항상 어렵다. 왜냐하면 진짜 속마음을 작성해도 되느냐라는 고민이 생기기 때문이다. 원래 지원하는 이유는, 복지, 안정성, 자부심 등이 솔직한 이유인 경우가 많지만, 이런 솔직한 말을 쓰기는 불안하다. 그러다 보니 에둘러서 지원동기를 쓰려고 하며, 그러다 보니 뻔한 지원동기가 나온다.

지원동기를 잘 쓰기 위한 결론부터 말하자면,

① 해당 기관이 본인에게 적합한 이유를 찾아라. 기관을 향한 나의 마음이 아니라, 나의 입장에서 기관이 적합한 이유를 찾는 방식으로 생각을 전환하라.

② 솔직하게 작성하라(다만, 지원동기도 병렬식 구성으로써 솔직한 지원동기가 다른 지원동기와 함께 서로가 보강이 되도록 글을 구성하면 좋다).

③ 기관에 대한 데이터는 최대한 고생해서 얻어라(단순히 홈페이지에서 베끼지 말라는 뜻이다).

이렇게 지원동기를 작성하면 훨씬 경쟁력 있는 지원동기가 될 수 있다. 다음은 KDB산업은행 합격자소서 중 지원동기이다.

지원동기

● 지속적인 성장가능성

한 직장에 근무하며 끊임없이 성장할 수 있다는 것은 정말 멋진 일일 것입니다. KDB산업은행은 재능이 소모되기보다는 조직과 함께 제 자신도 발전할 수 있는 직장입니다. 특히 순환근무를 통해 적성 탐색의 기회가 주어지며, 원하는 분야의 전문가가 될 수 있도록 지속적인 인재교육을 제공한다는 점에서 산은만의 경쟁력을 느낄 수 있었습니다. '금융전문가 양성의 명문'으로서 자기 개발을 멈추지 않는 KDB산업은행의 매력에 저는 KDB산업은행만을 목표로 취업 준비를 해왔습니다.

● 한국경제에의 강한 책무성

자금의 융통을 뜻하는 금융은 시장의 원활한 작동과 지속적 경제성장을 도모케하는 윤활유입니다. 그렇기에 금융기관의 역할은 자본주의 시대에 매우 중요합니다. 특히 KDB산업은행은 수출입은행, 예금보험공사 등 타 금융공기업과 달리 독점화된 업무영역이란 제한이 없습니다. 이러한 특징 때문에 KDB산업은행은 "The First"로서 국내 최초 IP담보 대출시장 개척, 위안화 투자자 지위 확보 등 여러 분야의 선구자 역할을 담당하고 있습니다. 또한 "The Only" 정책금융기관의 맏형으로서 시장 안정을 위한 risk taker 역할을 수행하며, 국내 최고 구조 조정 전문가로서 성공적인 한국 산업 재편을 위해 노력하고 있습니다. 이처럼 역동적인 금융 환경과 한국의 산업구조 재편이란 시대적 요청 하에 KDB산업은행의 역할은 더욱 중요해지고 있으며, 시대적 과제를 수행할 일원이 될 수 있음에 입사를 희망하게 되었습니다.

● 존중이 존경을 낳는 곳

먼저 입사한 지인들은 KDB산업은행의 장점을 "gentle한 조직 분위기"라 공통적으로 말합니다. 회사 내 성희롱이나 인격 모독 등 비신사적 업무 환경이 한국 기업 문화의 문제점으로 지적되는 상황에서 기존 행원들의 업무 환경 만족도는 KDB산업은행 입사를 강하게 희망토록 만들었습니다. 또한 가정의 날 운영이나 출산 및 육아휴직의 보장은 행원들의 일과 삶의 조화를 존중해주는 KDB산업은행의 배려로 비췄습니다. 이처럼 조직 구성원이 존중받는 업무 환경이라면 높은 근로 의욕 하에 조직과 구성원이 함께 성장할 수 있으리라 생각합니다.

다음의 항목들이 인상적이다.

- KDB산업은행이 본인에게 적합한 이유로 시선을 바꾸었다.

- 3번째 지원한 이유는 솔직한 글을 썼다. 많은 지원자들이 육아휴직 등 조건이나 복지와 관련된 글들은 금기어로 생각하는 데 그렇지 않다.

- 병렬식 구성이 돋보인다.

- 지원동기에도 소신과 철학을 충분히 피력할 수 있다.

다음은 예금보험공사 사례이다.

해당 직무에 지원하게 된 동기와 입사 후 계획을 기술해 주십시오.

[Finis : 목표]

영어로 금융을 뜻하는 Finance는 라틴어로 목표라는 뜻을 가지는 Finis에서 유래되었다고 합니다. 사람들의 궁극적인 목표인 삶의 행복을 바라며 금융이 탄생했음을 시사합니다. 하지만 최근의 금융 불안정성은 국민들에게 오히려 고통의 원인이 되고 있습니다. 특히 2008년 금융 위기로 인한 불황은 내수와 관련된 친지의 사업에도 악영향을 주어 금융 불안정성의 문제를 피부로 깨닫게 해주었습니다. 이후 버냉키의 금융가속기이론을 통해 금융불안정성과 경제 위기의 관련성을 알게 되었고, 금융의 궁극적 목표에 대해 다시 한 번 생각해보게 되었습니다. 불안정적 예금보험 제도와 금융부실 대응 능력의 부재는 금융 불안정성을 촉진시킬 것이고, 이는 금융의 본원적 목적과는 상이한 결과를 낳게 될 것입니다. 예금보험공사에서 예보제도의 선진화와 효율적인 금융 시장 위험 관리에 일조하며, 금융이 삶의 행복이라는 본원의 목표로 향하도록 기여하고 싶습니다.

현재 선제적 대응 능력 강화를 목표로 공사 자체의 금융 리스크 평가 역량을 키우는 중으로 알고 있습니다. 기회가 된다면 리스크총괄부에 있는 금융시장분석팀에서 제 역량을 펼치며 두 가지 측면에서 이 목표에 기여하고 싶습니다.

첫째, 리스크 측정 기법 및 유형 분류 등 실무에서 요구되는 업무 지식을 전공 역량을 바탕으로 빠르게 체득해, 업무에 실질적인 도움이 되는 인재가 되겠습니다.

둘째, 전공 역량에 기반한 전문성을 토대로 은행과 보험 분야에 대한 리스크 감시모형 및 기법 개발에 힘쓰겠습니다. 이러한 전문성을 증진시키기 위해 향후 관련된 학위 과정에 도전하겠습니다.

이 지원동기에서 잘 된 점은 무엇일까?

- Finis라는 라틴어의 어원을 바탕으로 Finance에 대한 본인의 소신이 들어갔다.

- 버냉키의 금융가속기이론을 접목했다.

이것이 금융 취업 입문서이다

지원동기는 점점 자소서 항목에서 많이 줄어드는 추세이긴 하다. 하지만 면접까지 길게 보고, 미리 준비하는 것이 필요하다. 지원동기에서부터 충분히 차별화가 가능할 수 있음을 기억하기 바란다.

5. 다양한 방식의 자소서

자기소개서를 잘 작성하는 좋은 방법은 경험론적인 접근이다. 물론, 연역적인 접근도 좋지만, 사례들을 많이 보면서 각종 고민들과 기법들을 응용해서 내 것으로 만들어 나가는 방법이다. 따라서 합격자소서를 쓰기 위해서는 훌륭한 자소서들을 많이 보는 것이 중요하다. 뻔한 자소서나 평범한 자소서는 여러분들의 자소서 작성에 큰 도움이 되지 않는다.

자신에게 요구된 것보다 더 높은 목표를 스스로 세워서 시도했던 경험 중 가장 기억에 남는 것은 무엇입니까? 목표 달성 과정에서 아쉬웠던 점이나 그 때 느꼈던 본인의 한계는 무엇인지, 이를 극복하기 위해 했던 행동들과 생각 그리고 결과에 대해 구체적으로 기술해 주십시오.

일본의 디자이너 이마이즈미 히로아키가 개발한 목적 달성 기법인 만다라트는 오타니 쇼헤이가 사용한 것으로도 유명합니다. 저는 상위 목표 달성을 위한 64가지 행동 계획을 내용으로 하는 만다라트 기법을 인터넷을 통해 접하였고, 이를 저의 대학생활에 적용하였습니다. 의미 있는 대학생활이라는 키워드를 토대로 학업, 경험, 건강 3가지 목적을 위한 9가지 행동 목표를 세우며 꾸준히 지키기 위해 노력했습니다.

1. 학업 : 매학기 장학금 받기를 하나의 큰 목표로 세웠습니다.
2. 경험 : 여행을 통해 많은 문화를 접해보는 것을 목표로 세웠습니다.
3. 건강 : 매일 아침 사람들과 함께 한강을 달리는 모임을 만들어 규칙적인 생활을 하기 위해 노력했습니다.

이러한 노력은 저에게 다음 3가지 결과를 선물 하였습니다.
1. 학업에 대한 지속적 노력의 결과 7학기 연속 장학금을 받았으며 우수한 성적으로 졸업하였습니다.

2. 유럽, 미국, 동남아 등 11개국 21개 도시에서 다양한 문화를 접하며 현지인들과 교류하였습니다.
3. 꾸준히 달리기를 하며 체력을 키웠고, 여의도 10km 마라톤과 리복 장애물 마라톤에 참가하여 한계를 극복하는 경험을 했습니다.

이 중 마라톤의 경우 고등학교 시절 60kg도 되지 않아 국민약골로 불렸던 저에게게는 쉽지 않은 도전이었습니다. 남들보다 항상 늦게 들어와 제 스스로 완주 가능성에 대한 믿음이 흔들렸고, 이는 아침 7시에 모여 한강을 달리는 모임의 지속적 불참으로 이어졌습니다. 제 모습을 보시던 아버지께서 '승리란 승리를 가장 확신하고 오래 믿는 자의 것이다.'라는 말씀을 해주셨고, 이는 자신에 대한 믿음을 가지는데 큰 도움이 되었습니다. 그 날부터 완주하는 제 자신을 확신하며, 체력적 한계를 극복하기 위해 달리기 모임에서 당일 정한 목표보다 무조건 3km를 더 뛰며 3개월간 연습을 하였습니다. 그 결과 2016년 05월 열린 리복 마라톤에서 01:35:53의 기록을 세우며 팀에서 1등으로 완주할 수 있었습니다.

앞의 자소서 사례는, 쉬운 방법으로 자소서를 좋게 만드는 몇 가지 기술들이 들어가 있으니 확인해 보자.

- 자소서를 보면 질문 자체가 일단 많다.

  가. 자신에게 요구된 것보다 더 높은 목표를 스스로 세워서 시도했던 경험

  나. 가장 기억에 남는 것

  다. 목표달성 과정에서 아쉬웠던 점이나 그 때 느꼈던 본인의 한계

  라. 이를 극복하기 위해 했던 행동들과 생각 그리고 결과에 대해 구체적으로 기술

최소한 4가지에 대한 답이 명쾌히 들어가야 한다. 자소서 작성자들은 항상 질문부터 먼저 명확히 분석하고 답을 해야 한다. 자소서는 쓰고 싶은 글을 쓰는 것이 아니라, 묻고 있는 질문에 대한 답을 정확히 해야 하는 것이다. 마지막 문항에 '되겠습니다' 식의 포부는 들어갈 공간도 생기지 않는다.

이것이 금융 취업 입문서이다

- 도입부부터 인용을 했다. 개인적으로 인용을 하는 것은 좋은 습관이다. 이론, 원칙, 학설, 명언 등을 잘 접목해보자. 다만, 모든 항목에 인용을 하는 것은 바람직하지 않고 5가지 항목이라면 2개 항목 정도로 인용하는 것을 권한다.

- 연역적인 글이다. 즉, 병렬식 나열을 극대화했다. 이런 경우 '1, 2, 3,'처럼 스스로 목차를 구성해서 글을 써도 된다. '우선, 또한, 또한' 방식으로 전개시키는 것은 효과적이지 않다.

- 숫자가 많다. 숫자는 과거 경험이나 행동에 대한 evidence이다. 믿게 만드는 방법이다.

6. 참신함과 진중함

금공이나 은행 자소서를 보면 모범적인 글들 일색이다. 늘 등장하는 3 대장 같은 단어는 소통력, 책임감, 꼼꼼함이다. 이 외에도 공감능력, 분석력, 설득력, 희생정신 등도 자주 등장한다. 이런 모범적은 단어들과 스토리라인이 좋지 않은 이유를 알아보자.

가. **구성의 오류** : 구성의 오류란, 부분적 성립의 원리를 전체적 성립으로 확대 추론함에 따라 발생하는 오류이다. 절약의 역설, 가수요가 이에 해당한다. 예를 들어, 어느 한 제품의 가격을 올리면 그 제품을 만드는 기업은 이익을 얻는다. 이에 따라 모든 제품의 가격이 오르면 모든 기업이 이익을 얻는다고 추론하게 된다. 그러나 모든 제품의 가격을 올리면 물가가 상승하며, 오히려 악영향을 끼칠 수 있다. <출처: 네이버지식백과> 쉽게 설명하면 이렇다. 많은 지원자들의 글이 거의 비슷한, 싱크로율이 높아지게 된다. 모든 지원자가 모범적인 이야기를 하면, 모든 지원자가 모범적이지 않을 가능성이 높다는 것이다

나. **뻔한 행동과 결과** : 대부분 경험 항목에서 본인들의 행동은 다 착하다. 소통을 한다든가, 설득을 한다든가, 희생을 한다든가 등의 내용들이다. 이런 뻔한 이야기는 자소서 심사자 입장에서는 행동이나 결과가 예측 가능하다. 수백 명에서 수천 명의 자소서

를 읽는 심사자 입장에서는 한두 문장만 읽어봐도 이렇게 흘러갈 것이라고 예측하게 되며 글이 재미가 없어진다. 그리고 끝까지 안 본다. 어차피 마지막 문장은 미사여구적 포부로 끝낼 거니까. 모범적인 글이 아니라, 센스 있는 글, 역발상이 있는 글, 남다른 고민과 소신이 돋보이는 글을 써야 한다.

다음은 KB국민은행 합격자의 경험 관련 자소서 사례이다.

귀하가 '현장중심'적인 생각을 통하여 성취했던 경험 혹은 실패했던 경험을 기술하십시오.

[발상의 전환-고객이 하도록 유도하라]

부모님 소유 건물 아래에서 오랫동안 장사하신 친한 상인이 품목을 바꾸어 꼬치를 팔기 시작했습니다. 그 후 가게와 가게 주변에 고객들이 바닥에 꼬챙이를 버리고, 양념을 지저분하게 떨어뜨리는 바람에 주변 가게까지 더러워져 마찰이 생겼습니다. 부모님 역시 주변 상인들의 성화에 힘들었고 꼬치 가게는 장사가 잘되어도 여러 가지 신경을 쓰느라 스트레스가 이만저만이 아니었습니다.

주인의 노력에도 상황은 나아지지 않았고 옆에서 지켜보던 저는 고객을 바꿔야만 상황 해결이 가능하다고 판단했습니다. 숙고 끝에 6개의 통을 사서 매대에 2개씩 배치하고, 전지 2장을 사와 '다 드신 후 매운맛이 맛있으면 왼쪽 순한 맛은 오른쪽'이라는 문구를 써넣었습니다. 그리고 '지켜주세요!!'라는 문구를 쓴 노란 테이프로 바닥 라인을 만들어 고객의 자리를 고정했습니다. 안전선을 연상케 하는 노란 선으로 고객들의 위치를 고정하고, 맛을 평가하는 권리도 드려 스스로 쓰레기를 정리하게 하였습니다.

타인의 행동에 관심이 많고 얻은 지식을 다양하게 적용하는 발상으로 아이디어를 내, 고객과의 접점이 줄어드는 은행에 고객이 자발적으로 찾아올 방안을 마련하겠습니다.

긍정적인 요소는

- 모범적인 글이 아니라는 점이다. 대부분 지원자들의 Acting은 모범성의 범주 내에 있는데, 이 글은 소제목대로 발상의 전환을 했다. 이런 유형의 경험들은 해결 방안으로

\<본인이 더 청소를 열심히 했다. 시간을 내서 희생을 했고 이웃을 도왔다\> 같은 부류의 글들이 많다.

– 하지만 오히려 고객이 스스로 하도록 유도하는 해결 방안을 제시했다. 넛지효과를 접목한 발상의 전환이다.

다음은 KB국민은행 합격자의 약술형 자소서이다.

귀하에게 '하루(1일)'의 자유 시간과 금전적 여유가 있다면 무엇을 하고 싶으며 그 이유를 약술하십시오.

3가지를 얻기 위해 워런 버핏과의 점심을 낙찰 받아 식사하겠습니다.
첫째, 은행이 독자적인 가치를 가진 기업으로 성장할 수 있는 방법
둘째, 어떻게 투자자들과 장기적으로 좋은 관계를 유지하는지에 대한 인간 관계에 대한 노하우
셋째, 리스크 관리를 할 때 가장 중요한 소양과 역량을 어떻게 기를 수 있는지에 대한 답변을 얻고 싶습니다.

이런 질문이 주어지면 '봉사활동을 할 것이다. 은사님을 찾아 갈 것이다. 부모님과 함께 할 것이다.' 등의 글들이 압도적이다. 여러분들이 생각해봐도 너무 뻔하고 전형적이지 않은가? 그런 스토리 라인은 이제 더 이상 경쟁력을 가지지 못한다. 센스 있고 참신한 아이디어를 바탕으로 글을 써야 한다. 자소서는 자신을 쓰는 글이다. 본인이 꿈꾸는 모범성을 쓰는 글이 아니다. 참신함과 센스가 없다면 속 깊은 고민을 글로 표현하라. 고민의 글은 누가 읽어도 고개를 끄덕이게 된다.

다음 글은 우리은행 합격자의 글이다. 한때 우리은행 자소서의 전통적인 1번 항목이었다. 좀 길더라도 꼭 읽어 보길 바란다.

아래 제시어를 자유롭게 활용하시어, 본인의 가치관과 삶의 경험을 담은 에세이를 작성하여 주십시오.(제시어 : 도전, 성공, 실패, 지혜, 배려, 행복)

[도전: 마음의 문을 두드리다]

저는 '장애인복지일자리지원협회'와 결연을 맺은 장애인 근로 시설에서 봉사활동에 참여했습니다. 설레는 마음으로 갔던 그 곳에서 저를 반겨주시는 많은 직원들과 장애인 근로자들 사이로 무표정한 얼굴로 멍하니 있던 한 사람이 눈에 들어왔습니다. 그 날 이후로 그 사람의 첫 인상이 왠지 모르게 제 머릿속에서 떠나지 않았습니다.

그 사람에 대해 궁금하던 차에, 사무장님으로부터 그 사람에 대한 이야기를 들을 수 있었습니다. 저와 비슷한 또래의 그 친구는 지적 장애를 가지고 태어나 학창시절부터 끊임없는 괴롭힘과 폭행을 당해왔습니다. 그로 인해 심각한 우울증과 자폐증이 생겨 학교를 그만두는 지경에 이르렀고, 당시 치료의 일환으로 근로 시설에 들어오게 된 것이었습니다. 그 친구의 얼굴에서 작은 표정이라도 되찾아 주고 싶었고, 이것이 저에게는 하나의 '도전'이었습니다.

[실패: 굳게 닫힌 마음의 문]

저는 그 친구에게 다가가기 위해 식사 시간에 옆자리에 앉거나, 쉬는 시간에 다가가 이런저런 말을 건넸습니다. 하지만 그 친구는 대화는 커녕 눈조차 마주치려 하지 않았고, 항상 혼자 있는 모습만 보였습니다. 어떠한 시도로도 그의 마음을 여는 것은 쉽지 않았고 몇 개월이 지나도록 그 친구와의 관계는 여전히 제자리걸음이었습니다.

얼마 후 시설 유지보수 작업을 거들기 위해 시설을 다시 찾았을 때, 그 친구도 작업에 함께 참여하였습니다. 불편한 몸으로 무거운 자재를 운반 하는 것이 안쓰러워 그 친구에게 다가가 들고 있던 자재를 대신 들어주려 하자, 그 친구는 저를 거세게 밀치며 소리를 질렀습니다. 처음 정면으로 마주친 그의 눈에서 사람에 대한 깊은 '증오와 불신'이 내비쳤습니다. 제 도움에 대한 그 친구의 반응에 적지 않게 당혹스러웠고, 제 호의와 노력들이 무시당했다는 생각이 들어 허탈하고 화도 났습니다. 그 날부터 저도 모르게 그 친구를 피하게 되었습니다. 그 친구에게 다가가려는 몇 개월에 걸친 저의 도전은 그렇게 '실패'로 끝나는 것 같았습니다.

[배려에 대한 지혜 : '오만과 편견'을 넘어서]

하루는 이모가 데리고 온 네 살배기 사촌동생과 집에서 퍼즐놀이를 했습니다. 그러던 중 저는 동생이 자리에 맞는 퍼즐조각을 찾는 것이 아니라, 맞는 퍼즐조각이 나올 때까지 모든 퍼즐 조각을 그 자리에 끼워 맞추고 있는 것을 발견했습니다. 힘들지 않을까 싶은 마음에 사촌동생의 손에 맞는 조각을 찾아 쥐어주자 동생이 울기 시작했습니다.

동생의 울음소리를 듣고 달려온 이모에게 저는 자초지종을 설명했습니다. 이야기를 듣고 난 이모는 아이들이 뭔가를 하고 있을 때는 직접 무언가를 대신 해주기 보다는 곁에서 조용히 지켜보고, 아이들이 도움을 요청할 때만 도움을 주는 것이 올바른 방법이라고 말했습니다. 어른인 제 입장에서 아이들은 그저 보호하고 도와줘야 할 대상이지만, 아이들은 자신이 무엇이든 할 수 있다고 믿기 때문이었습니다. 그 이야기를 들은 순간, 그 친구가 불현듯 생각났습니다. 저는 그 친구가 장애인이라는 이유로, 그 친구를 동등한 인격체가 아니라 동정의 대상으로 바라보았던 것입니다.

지금까지 장애인들에 대한 '배려'라고 생각한 행동들은 저는 정상인이고, 그들은 어딘가 결핍된 사람들이라는 편견에서 비롯된 오만함이었습니다. 장애가 있다는 것은 불편한 부분에 대한 최소한의 도움이 필요한 것이지, 맹목적인 보살핌이 필요한 것이 아닙니다. 그럼에도 불구하고 저는 장애인이 약자라는 편견에 빠져, 그들의 자존심과 인간성에 보이지 않는 상처를 입히고 있었던 것입니다. 남들과 다르다는 이유로 학창시절부터 주변의 눈길과 수군거림 때문에 마음의 상처를 입었을 그 친구에게, 저의 지나친 관심과 일방적인 도움은 과거의 아픈 기억을 상기시키는 사려 깊지 못한 행동이었습니다.

얼마 후 다시 방문한 시설에서 새로 들여온 목재들을 손질하느라 다들 분주했습니다. 작업을 하고 있던 중에 그 친구가 서투르게 톱질을 하고 있는 모습을 보았습니다. '저러다 다치면 어떡하지'라는 걱정이 가장 먼저 들었지만, 이런 생각도 '장애인은 한 사람 몫을 할 수 없다'는 편견의 일부라고 생각했습니다. 저는 묵묵히 그 친구가 일하는 것을 지켜보기로 했습니다.

한 시간이 지나자 그 친구는 톱질에 점차 익숙해졌고, 재미를 붙인 듯 몰입해서 작업을 하고 있었습니다. 장애가 없는 보통 사람들도 어려워하거나, 더디게 배우는 부분이 있습니다. 그런 관점으로 주위를 둘러보자 장애는 단지 사람이 가지고 있는 수 많은 특징들 중 하나일 뿐이라는 것을 깨달았습니다. 저는 그제서야 제 마음 한 켠에 남아있던 동정심을 버리고, 그 친구를 한 명의 동료로 생각할 수 있었습니다. 진정한 의미의 배려는 동정이 아닌, 상대방을 있는 그대로 받아들이는 '공감'에서 나온다는 것을 느꼈습니다.

그 이후로는 무작정 도움의 손길을 내밀기 보다는 한 발자국 뒤에서 그 친구를 지켜보았습니다. 실수를 하거나 내가 생각하는 방식과 다르더라도, 그 친구의 일을 무작정 도와주거나 가르치려 들지 않았습니다. 나와 동등한, 한 사람의 동료라는 마음가짐으로 그 친구를 대했습니다. 시간이 흐르자 함께 있을 때 그 친구가 장애인이라는 사실을 의식하지 못하는 순간이 많아졌습니다.

[성공과 행복: 진심이 전해지다]

봉사활동을 하면서 가장 행복했던 순간이 있었습니다. 어느 날 봉사활동을 마치고 집에 갈 준비를 하던 중에 딴청을 부리며 저에게 인사하는 사람들 근처에서 서성이고 있던 그 친구를 발견했습니다. 평소 같으면 작업이 끝나자마자 혼자 어딘가로 사라지던 그 친구였습니다. 저는 그 친구가 자신의 방식으로 저를 배웅하고 있다는 것을 느낄 수 있었습니다. 저는 그제서야 제 진심이 통했고, 그 친구의 마음에 한 발자국 더 다가갔다는 것을 느꼈습니다. 그 날 부터 그 친구는 종종 사탕이나 과자 같은 먹을 거리를 제 뒤에 슬쩍 놓고 가기도 하는 등 전과 달라진 모습을 보여주었습니다.

그 친구의 달라진 모습은, 배려는 행위의 문제가 아니라 '타인과 내가 같은 인간이라는 사실을 인정하는 것'에서 출발한다는 깨달음을 주었습니다. 같은 인간이라는 이유로 존중 받을 이유가 충분하고, 사람 간의 차이는 차별이 될 수 없다는 것을 배웠습니다. 다수가 '맞는 것'이고, 나머지는 '오답'이라는 편협한 사고방식에 익숙해져 있던 저에게 타인을 편견 없이 받아들일 수 있는 법을 가르쳐주었습니다.

은행업은 돈을 다루는 일이기 전에 앞서 사람을 섬기는 일이라고 생각합니다. 고객 모두가 저와 동등한 인간이고, 누군가의 소중한 존재라는 마음으로 모든 고객을 존중하고 편견 없이 사랑하겠습니다. 저를 통해 고객들이 우리은행에서 행복과 따뜻함을 인출해 갈 수 있는 은행원이 되겠습니다.

- 봉사활동 이야기는 자소서의 단골 스토리이다. 하지만 같은 봉사활동이라도 다른 글을 쓸 수 있는 것이다. 배려는 행위의 문제가 아니라 '타인과 내가 같은 인간이라는 사실을 인정하는 것'에서 출발한다는 깨달음을 준다. 같은 인간이라는 이유로 존중받을 이유가 충분하고, 사람 간의 차이는 차별이 될 수 없다는 것을 배웠다. 다수가 '맞는 것'이고, 나머지는 '오답'이라는 편협한 사고방식에 익숙해져 있던 저에게 타인을 편견 없이 받아들일 수 있는 법을 가르쳐주었다.

– 많은 학생들이 '고객에게 도움을 드리고, 약자를 돕고, 00기관에 도움을 줌으로' 등의 표현을 쓰는 것을 많이 보았다. 개인적으로는 눈살이 찌푸려진다. 금융기관을 돕기 위해 지원하는가? 솔직하지 못하고 거만하다는 느낌이다.

7. 경험 작성 방법

일반적으로 금공이나 은행 자소서들은 경험을 묻는 항목이 전체 항목 중 절반 내외를 차지한다. 그만큼 중요한 항목이기도 하다. 그리고 경험 항목을 작성할 때, 항상 염두에 둬야 하는 것은 자소서 내용은 면접에서 문제집이 된다는 사실이다. 거짓으로 또는 과장해서 글을 쓰는 것은 자제해야 한다. 자소서는 첫 단추이다. 첫 단추가 꼬이면 마지막까지 영향을 미치고 최악의 경우에는 탈락의 빌미가 됨을 새겨야 한다.

다음 글은 예금보험공사 합격자 자소서이다. 일반적인 경험항목이다. 잘 물어보는 유형이다. 그럼에도 불구하고 이 글이 특별한 이유는 무엇일까?

자신이 속했던 단체, 모임 등에서 자신과 의견이나 생각이 다른 구성원을 효과적으로 설득하거나 합의를 이끌어낸 경험이 있다면 기술해 주십시오.

[뷰티플 마인드와 팃포택 전략]

'죄수의 딜레마'는 영화 뷰티플 마인드로 잘 알려진 노벨 경제학상 수상자 존 내쉬의 이론입니다. 협조에 대한 유인 부재로 인해, 협동이 아닌 독단적 행동으로 이어진다는 이 이론은 무임 승차자 발생 이유를 설명합니다.

3학년 2학기 과학 기술과 현대 사회 과목 조별 과제에서 4학년생 한 명의 조별 과제 참여율이 현격히 떨어졌습니다. 취업 준비로 인해 조별 과제에 많은 시간을 할애할 수 없다는 것이 그 조원의 입장이었습니다. 협사법의학이라는 생소한 주제로 인해 조사 분량이 많은데다, 성적에 30%가 반영이 되는 중요한 과제였기에, 그와 다른 조원들 간 갈등이 극단으로 치달았고 저는 조장으로서 결단을 내려야 했습니다.

죄수의 딜레마에 가장 효과적인 전략이 참여 유인 제공 및 불참에 대한 보복 전략 실행이라는 틧포탯 전략에 착안해, 이를 조별 활동에 적용시켰습니다.

첫째, 조사를 가장 열심히 하는 조원을 PPT 제작과 발표 준비에서 제외시켜 주기로 하였습니다. 둘째, 취업 준비로 인해 조사 참여에 제한성이 많은 해당 조원을 위해 미팅은 수업시간이 끝난 뒤 10분으로 축소시켰습니다. 그 외의 논의는 최대한 온라인상에서 진행하도록 했습니다. PPT제작과 발표 준비에서 제외될 수 있는 특권은 참여에 대한 큰 유인 요소가 되었고, 조원 모두가 적극적으로 참여하여 만족스러운 결과물을 도출할 수 있었습니다. 조원 모두가 맡은 분야를 완벽하게 준비한 상태에서 진행된 발표와 질의응답을 통해 교수님께 모두가 함께 결과물을 준비했다는 인식을 강하게 심어줄 수 있었고 조별 과제 최고 점수를 받을 수 있었습니다.

스토리 라인 자체는 뻔하다. 화합을 위한 동기 제공, 온라인 진행 등 여느 자소서와 싱크로율이 꽤 높다. 그럼에도 불구하고 이 글의 차별성은 2가지로 생각할 수 있다.

가. 이론, 학설, 원칙, 명언 등을 활용했다. : 대부분 지원자는 어떤 갈등이나 사안에 대해서 의사 결정이나 행동을 할 때, 그냥 본인의 천성 또는 본능에 따라 결정하고 행동했다고 느끼도록 글을 쓴다. 즉, 왜 이렇게 행동하고 결정했는지에 대한 이유는 대부분 생략한다. 밋밋한 글의 이유가 된다. 본인의 행동이나 의사 결정의 이유를 밝히면 좋다. 그리고 그 이유는 여러분들이 배운 각종 이론, 학설, 원칙 등을 응용하면 글 자체의 차별성을 부각시킬 수 있게 된다.

나. 병렬식 구성이다. : '우선, 또한, 게다가' 방식의 나열이 아니라, '첫째, 둘째'를 활용했다. 얼마 전 수업을 듣던 한 학생이 다른 곳에서는 '첫째, 둘째'를 쓰지 말고 자연스럽게 '우선, 또한, 또한' 의 구조로 쓰라고 가르친다고 하며 의문을 제기했다. 다른 곳에서는 어떻게 가르치는지 관심이 없고, 가타부타 말하기가 싫다. 여러분 스스로 읽어 보고 느껴 보길 바란다.

이러한 방식은 상황 대처형 자소서 문항에도 유효하다. 다음은 주택도시보증공사 합격 자소서 중 일부이다.

만약 민원인이 지금 당신에게 신속한 업무 처리를 요청하고 있으나, 그 업무에 대한 처리규정이 불분명하다면 어떻게 대처할지 그 방법과 이유를 설명해 주십시오.

< 때로는 Logos보다는 Pathos로써 대응하자 >

저는 업무 처리에 대한 규정이 불분명한 경우에 '이성(logos)'보다는 '감성(pathos)'으로써 대처할 것입니다. 즉, 다음과 같은 4단계를 통해, 이와 같은 상황을 해결할 것입니다.

첫째, 현재의 상황을 객관적으로 설명할 것입니다. 즉, 신속한 업무 처리가 지금 당장은 힘들다는 점을 알리겠습니다. 둘째, 민원인의 요구 사항과 연락처를 메모할 것입니다. 셋째, 정확한 시간을 공지하겠습니다. 이를테면, 몇 분 후에 다시 연락을 드리겠다는 점을 명확히 말할 것입니다. 넷째, "신속히 업무를 처리하지 못한 점, 죄송합니다."라는 말을 마지막으로 할 것입니다.

이러한 방식으로 대처하는 이유는 2가지입니다. 첫째, 민원인도 결국 '감정(Pathos)의 지배를 받는 사람'이기 때문입니다. 2016년도 7월부터 5개월 간 국민건강보험공단 인턴으로서 근무한 경험에 따르면, 악성 민원인이라 할지라도, '본인들을 위해서 신경을 써 주고 있다는 느낌'을 받으면, 화 또는 흥분이 누그러지는 경향을 보였습니다. 둘째, '민원인들의 기회비용을 최소화'함으로써, 불필요한 짜증이 추가적으로 유발되는 것을 방지할 수 있다.

무엇이 보이는가? 이전 사례처럼 이 내용에서도 방법적인 특별함은 없다. 다만, 이러한 방법을 제시할 때, 그 이유로서 그리스 철학 용어를 가지고 왔으며, 경제학의 기본인 기회비용도 들고 들어왔을 뿐이다. 그리고 병렬식으로 전개시켜 나갔다.

<이론이나 원칙의 응용>, <병렬식 구성>

금융공기업 자소서, 은행 자소서 작성 때 잊어서는 안 될 내용이다.

8. 준비한 역량과 노력

역량 개발 노력에 대한 자소서 항목이 증가하였다. 금융권 입사를 위해 구체적으로 어떤 것들을 준비했는지 알고 싶기 때문이다. 특히 최근에는 금융권 합격을 위해 좀 더 전문적인 준비나 체계적인 준비를 하는 지원자들이 많아졌기 때문에, 이제는 이 질문을 어떻게 답을 해야 하는지가 꽤 중요해졌다.

가. 병렬식으로 기술하라.
  : 열거식이나 점증식의 글보다는 병렬식으로 1,2,3의 목차를 설정하는 것이 좋다.
나. 컨셉도 가급적 접목시켜라.
  : 병렬식 글이라도 각 항목의 관계성을 설정하면 좋다. 좋은 컨셉은 가독성을 확실히 높이는 수단이 되기 때문이다.
다. 최대한 끌어서 채워야 한다.
  : 금융기관이 가장 싫어하는 것 중의 한 가지가 비우는 것이다. 특히 최근에는 디지털 역량을 많이 묻는데, 이러한 역량을 갖추지 못한 지원자들은 성의 없는 내용으로 때우거나 비우는 경우도 있다. 금융기관 자소서는 그 어떤 항목도 비워 두면 좋지 않다는 것을 명심하라.

사례 1

- 다음 KDB산업은행 합격자 자소서이다.
- 소제목부터 공식형 소제목으로 시각화 했다.
- 소제목을 바탕으로 V자 캐피탈 글자 컨셉으로 구성하였다.
- 노력한 또는 준비한 역량은 항상 최대한 디테일하게 표현하는 것이 중요하다.

금융권 역량개발을 위한 본인의 노력을 구체적으로 서술하시오.

[V + V = W]

한국KDB산업은행에서 일하기(Work) 위해 다음의 2가지 V를 준비하였습니다.
'Variety : 다양한 업무 수행을 위한 기초'

중·고급 회계, 투자론, 재무관리 등 수업을 통해 주식, 채권, 메자닌 상품의 기초를 닦았고, 재무제표 해석 역량을 키웠습니다. 또한, 재무위험관리사 취득을 통해 KMV모형 등 신용리스크 관리기법에 대해서도 학습하였습니다. 이는 순환 업무 수행 시 기업금융, 자본시장금융, 혁신성장금융 등의 다양한 업무에 빠르게 적응하는 데 도움이 될 것입니다.

'Value : 기업가치평가 경험'

삼일회계법인이 주최한 사내 기업가치평가 교육에 참가하여 DCF, RIM 등의 평가 모형을 학습하였습니다. 이 과정에서 실무에서는 매출의 추정이 중요함을 배웠고, 사업 모델에 적합한 추정방식을 연습하였습니다. 또한 (주)이수 인턴으로서 마스터리스 신사업기획 업무를 수행하였습니다. DCF모형을 기반으로 NPV를 추정했고, 동종 업계 주식베타 및 하마다 모형을 활용하여 자기자본비용을 산출했습니다. 이러한 경험은 담보가 부족한 아기 유니콘 및 예비 유니콘 기업의 가치 평가 업무를 수행하는 데 도움이 될 것입니다.

사례 2

- 최근 디지털 역량 관련 질문도 늘어났다.
- 디지털 역량이 제대로 없더라도 꼭 디테일하게 채워야 한다.
- 다음 사례는 특히 문과학생으로서 특화된 디지털 역량이 없음에도 최대한 분류한 후 구체적으로 작성했다.

디지털 분야의 역량 확보를 위해 본인이 어떠한 노력을 했는지 기술하고, 본인의 디지털 역량을 활용하여 문제를 해결한 경험을 서술하시오.

물밀듯이 밀려오는 4차 산업의 홍수 속에서, 물결을 타기 위해 차근차근 수영을 준비했습니다.

[1단계: 수온 측정]

'ZDNET KOREA'와 '전자신문'의 경제 & 금융 부문 기사를 읽으며, 일주일 단위로 BEST 3 기사를 채택해 요약했습니다. 이를 통해 각종 시중은행과 토스, 카카오뱅크 등 모바일 뱅크의 혁신금융상품의 현황과 흐름을 파악했습니다.

[2단계: 준비 운동]

"메타버스"와 "블록체인 트렌드" 책을 읽으며, 메타버스의 종류와 기업의 활용 방안, 블록체인과

CBDC, NFT 등의 연계 방안 등에 대한 지식을 쌓았습니다. 특히, '인문학적 감수성과 철학이 담겨있지 않다면, 메타버스는 단순히 신기술의 전시장이 될 뿐이다.'라는 대목을 읽고 인문학도로서의 책임감과 역할을 인지하기도 했습니다.

[3단계: 뛰어들기]

'중소벤처기업 지원 정책 아이디어 공모전'에 참여했습니다. 기술력과 자본 부족으로 신기술 활용이 미흡한 중소기업의 문제를 해결하기 위해, 메타버스에 기반한 마케팅과 상생연계 구축을 통한 지원 방안을 제시했습니다. 특히, 정부 주도 하의 중기 전용 메타버스 플랫폼 구축을 제안하고, 'K-비대면 바우처'에 메타버스를 추가해 공급자인 IT스타트업과 수요자인 중소기업의 연계를 제안했습니다. 이외에도 '00은행 디지털 서포터즈'로 활동하며 비대면 통장 개설, 바이오 출금 등 디지털 금융상품 및 서비스 이용을 직접 배우고 이용을 도왔습니다.

9. 나를 알려라.

나를 알리는 자소서를 쓰길 바란다. 나를 숨기는 자소서는 결국 면접에 가서도 방어하기에 급급하게 되기 때문이다. 그리고 이왕 나를 알리려는 글을 쓰려면 독창적으로 알리는 것이 좋다. 독창성은 대개 은유와 비유의 기법을 활용하는 것도 좋은 방법이다.

사례 1) 목표 달성을 위해 햄릿처럼 고민하고, 실행에 있어서 돈키호테처럼 추진하는 사람입니다.

사례 2) '면도의 방법에도 철학이 있다'고 한 서머셋 몸의 말처럼, 같은 일을 하더라도 더 좋은 방법을 찾기 위해 고민하는 사람

사례 3) 우보만리(牛步萬里)의 정신으로 차근차근 우직하게 미래를 향해 나아가는 인재입니다.

사례 4) 그라민 은행을 설립한 '무하마드 유누스'처럼, 주어진 현실을 외면하지 않고 더 나아질 방법을 고민한 후 행동하는 사람입니다.

사례 5) '비즈니스는 비틀즈처럼'이라는 스티브 잡스의 말처럼, 저는 업무를 수행할 때 다른 사람과 조화를 이뤄 맡은 바를 꼭 해내는 사람입니다

사례 6) 2015년 9월부터 지금까지 5년간 취미로 발레를 배우고 있습니다. 발레를 통해 두 가지를 배웠습니다. 첫 번째는 '기본'입니다. 처음에는 '그랑 쥬떼'와 같이 멋지고 어려운 동작이 목표였지만, 이를 해내기 위해서는 '그랑쥬떼'가 아닌, 가장 기본이 되는 '플리에'를 잘 다져놓는 것이 중요하다는 것을 깨달았기 때문입니다. 두 번째는 춤에 대한 공포를 극복한 것입니다. 태생적으로 몸치였는데, 발레를 배운 지 3년이 되었을 때, 지젤의 1분 30초짜리 작품인 '페전트'를 외워서 능숙하게 출 수 있게 될 정도로 춤에 대한 공포를 극복하게 되었습니다.

사례 7) 대학생이 된 후 색조 화장의 세계에 매료되었고, 관심도 커져 코스메틱 덕후가 되었습니다. 다양한 색조 제품을 써보면서 신체 색과 최적의 조화를 이뤄 생기있게 보이는 '퍼스널컬러'를 공부하게 되었습니다. 전문서적과 컨텐츠를 챙겨보았고, 발품을 팔아 직접 컨설팅도 받았습니다. 그 결과, 이제는 유형별로 어울리는 컬러, 패턴, 액세서리에 대해 주변인들에게 막힘 없이 조언할 수 있는 수준이 되었습니다. 이는 외모적으로도 제 강점을 부각시킬 뿐만 아니라, 타인과 대화에서도 좋은 소재가 되어, 제 친화력을 더 돋보이게 하고 있습니다.

사례 8)

[물이 끓기 전 99도]

TV 가요프로그램을 보면, 무대 위에서 펼쳐지는 멋진 안무와 기가 막힌 연출을 볼 수 있습니다. 저는 멋진 안무에 반해 춤을 배웠습니다. 4년 여간 재즈댄스와 댄스스포츠를 섭렵했지만, 처음 시작할 당시에는 몇 번이고 포기하고 싶었습니다. 거울 속 내 춤이 부끄러웠고, 주변 사람들이 우스꽝스럽다며 놀렸습니다. 하지만 포기하지 않았고, 땀은 배신하지 않는다고 되새겼습니다. 결국, 2008년 초가을에 열린 너구리 댄스 페스티벌에서 1등을 수상할 정도의 기량이 되었고, 무대 위의 짜릿함을 즐길 줄 알게 되었습니다.

사례 9) 동문회 전통의 산우회가 있습니다. 졸업생, 졸업 선배님들에 비해 재학생 참여는 저조하지만, 대학시절 내내 꾸준히 따라다녔습니다. 졸업생, 졸업 선배님들과의 등산은 항상 반갑고 즐거웠습니다. 무엇보다 하산 후 마시는 막걸리가 좋았습니다. 잔과 함께 전해지는 선배님들의 삶이 담긴 조언들이 좋았기 때문입니다.

새내기 시점부터, 진로를 고민하던 3학년 때, 졸업반인 지금까지, 선배님들은 격려와 충고를 아끼지 않으셨습니다. 특히 공공기관에서 은퇴하신 '막걸리 사부'의 '공익을 실현하기 위해 갑(甲)의 책임감으로 임하되, 고객 앞에서는 언제나 을(乙)의 자세로 최선을 다해야 한다.'라는 말씀은 취업을 준비하며 꾸준히 되뇌곤 했습니다.

사례 10)

[뜨개질 금손]

대학 입학과 동시에, 타지로 이사를 하게 되었습니다. 낯선 동네에서 새로운 시작을 하게 되어 심적으로 안정되지 못하여, 취미 활동을 찾아 나섰습니다. 그 결과, 뜨개질 덕후가 되었습니다. 우연히 본 유튜브 영상을 통해 뜨개질에 호기심이 생겼고, 그 후 목도리부터 가방까지 직접 뜨개질을 함으로써, 이제는 핸드메이드 제품을 선호하게 되었습니다. 나아가, 특별한 날에 지인들에게 직접 만든 제품을 선물함으로써, 마음을 전할 수 있었습니다. 이는 심리적 안정뿐만 아니라, 친구들 사이에서 금손이라고 불리어지는 계기가 되었습니다.

10. 금융 실무 지식의 중요성

기업 여신 프로세스와 여신 심사 실무에 대한 통찰력을 가지게 되면 그 효과는 자소서부터 달라진다.

<한국무역보험공사 합격자 자소서 개선 사례>

다음 사례를 보면,

<개선 전> 글은 두루뭉술하고 큰 이야기들로만 구성되었다. 그리고 마치 무역보험공사의 당위론 같은 말들로만 구성되었다.

<개선 후> 글은 플랜트 금융 전문가라는 명확한 목표를 가지고 글을 기술하였다. 즉, 여신심사나 특수여신 등에 지식이 생기면 좀 더 목표 지향적인, 그리고 구체적인 글로 변하게 되는 것이다.

<개선 전 자소서>

* 본인이 지원한 직무(모집분야)를 선택한 이유는 무엇이며, 해당 직무에 필요한 역량을 갖추기 위해 어떠한 준비를 하였는지 본인이 보유한 경력, 지식 또는 경험을 바탕으로 설명하고, 타 지원자와 차별되는 강점은 무엇인지 기술해 주십시오.

[위험이 있는 곳에 보험이 있다]

조사·인수 직무를 선택한 이유는 우리나라 기업이 원활히 수출입할 수 있도록 금융 및 보험 서비스를 제공하여 국민경제의 안정에 기여하고 싶기 때문입니다. 사업하시는 부모님을 보며 보험을 통해 신용을 창출해 긍정적 외부효과를 가져오는 것이 금융의 본질임을 깨달았습니다. 특히나 무역업은 물품과 대금의 교환이 동시에 이루어지지 않는 특성으로, 기업의 상환능력, 매출 규모 등을 철저히 조사하고 위험을 인수해야 합니다.

수출입보험의 조사·인수 직무를 수행하기 위해 반드시 필요한 역량은 기업신용분석 기술과 국내외 경기 동향 분석 능력이라고 생각합니다. 비상위험, 신용위험 등은 무역 환경의 변화에 크게 영향을 받기 때문에, 보험에 얼마나 위험이 내재해 있고, 그 변동성은 어떠한지 파악해야 합니다. 또한, 분석 대상 기업의 재무 위험뿐만 아니라 산업, 경영, 지배 구조 등 비재무적 위험까지 종합적으로 분석하여 채무 상환 능력을 평가해야 하기 때문입니다.

저는 경제학과 경영학을 전공하며, 금융, 상품, 무역시장 등 시장경제에 대한 지식을 습득하였고, 이를 통해 미국 금리와 같은 거시적인 경제 변수들이 우리나라 기업 활동에 미치는 영향을 학습하였습니다.

이 외에도, 재무와 회계에 대한 특별한 관심으로 기업의 재무구조와 지배 구조에 대한 강점을 가지고 있습니다. 벤처캐피털에서 현금 흐름 분석, 주주 분석을 통해 실제 벤처기업 투자안을 평가해 본 경험을 토대로, 금융컨설팅회사에서 상장기업의 주주총회 안건 및 재무구조를 분석하였고, 그 결과 타 인턴 대비 10% 더 많은 기업을 분석할 수 있었습니다.

저의 강점인 재무, 비재무적 측면의 기업 분석 능력을 토대로, 무역보험이 가지고 있는 많은 리스크들을 포괄적으로 평가하고 관리하겠습니다.

<개선 후 자소서>

* 본인이 지원한 직무(모집분야)를 선택한 이유는 무엇이며, 해당 직무에 필요한 역량을 갖추기 위해 어떠한 준비를 하였는지 본인이 보유한 경력, 지식 또는 경험을 바탕으로 설명하고, 타지원자와 차별되는 강점은 무엇인지 기술해 주십시오.

[무역프론티어의 1등 서포터]

조사 · 인수 직무를 선택한 이유는 무역보험이 든든한 에어백으로 작용하며, 우리 기업이 새로운 시장으로 진출할 수 있도록 기여하고 있기 때문입니다. K-sure는 신남방, 신북방 국가로의 수출과 플랜트 금융을 지원하며 우리나라 무역의 영토를 넓히고 있습니다. 저는 플랜트금융2부의 중소형 프로젝트팀에서 플랜트 금융의 첫 단추인 프로젝트 심사를 담당하고 싶습니다. 기술, 환경, 사회 심사의 기준에 따라 프로젝트를 평가하는 것은 플랜트 금융에 내재된 리스크를 파악하는 첫 단추이기 때문입니다.

[미시 PF 분석]

프로젝트 심사를 수행하기 위해 반드시 필요한 역량은 프로젝트 자체와 기업을 분석하여, 이를 바탕으로 정확한 판단을 내리는 것입니다. 이를 위해선 기업이 제시한 자료를 합리적 의구심을 가지고 면밀히 분석하고, 환경, 사회와 같은 다양한 국제 기준에 부합하는지 파악해야 합니다. ESG평가사에서 기업들의 재무적 요인뿐만 아니라 대표적인 비재무적 요인인 환경, 사회, 지배 구조를 유엔의 SDGs에 따라 평가하며, 이러한 분석능력을 길러왔습니다.

[거시 PF 분석]

플랜트 프로젝트를 심사하기 위해서는 해외 시장 분석능력이 필요합니다. 플랜트 사업의 경우, 특히나 대외 변수에 민감하기 때문에, 불확실한 비상위험, 내재된 신용위험을 파악해야 합니다. 경제학과 경영학을 전공하며, 무역시장뿐만 아니라, 이와 관련된 금리, 환율 등 시장 전체를 바라보는 능력을 길렀습니다. 특히나 금융공학회를 통해, 선물환같은 기초적인 환헤지 방법과 심지어 재난까지도 CAT본드와 같은 파생상품을 통해 헤지할 수 있음을 알게 되었습니다. 시장에 대한 지식과 리스크헤지 지식을 토대로 플랜트 금융의 위험을 철저히 줄이겠습니다.

그 외 기업 여신과 여신 심사 실무를 통찰한 지원자의 KDB산업은행 자소서 사례를 보더라도, 구체성이 돋보이게 된다. 이제 금융공기업이나 은행의 기업금융 지원자들의 자소서의 경쟁력은 단순한 추상적 포부를 나열하는 것에서 나오는 것이 아니라, 구체적 업무와 이를 위한 세세한 계획의 수립에서 기인하게 됨을 알게 된다.

남들 수준의 자소서를 쓰고 나서 자소서 통과하기만을 기대하거나 자소서 탈락하면 불평과 불만을 털어놓는 모습보다는, 기업 여신 절차와 PF나 선박금융, PEF 등 특수 금융에 대한 공부, 그리고 여신 심사 실무에 대한 선제적 학습을 한 후, 경쟁자들을 뛰어넘는 자소서를 쓰길 바란다. 그리고 추후 1차와 2차 면접에서도 이러한 업무 기반의 구체적 자소서는 면접관들이 더 큰 흥미와 호감을 느끼게 된다.

<KDB산업은행 합격자 자소서 사례>

지원동기 및 입행 후 계획 (1000자)
KDB산업은행 지원동기와 입행 후 계획을 지원분야와 연결하여 자유롭게 서술하시오.

[위기와 혁신의 최전선 부대, KDB산업은행]

기술신용평가사를 공부하며 KDB산업은행이 기술 금융 산업에서 수행하는 기술 견인 업무를 이해할 수 있었습니다. 혁신 산업 성장을 위해 기술 평가와 기술 컨설팅, 기술 거래 중개를 통해 기술금융 생태계를 조성하며, 산업의 육성이라는 과업을 실현하는 KDB산업은행에 다시 한 번 매료되었습니다.

'KDB산업은행 60년사'와 '한국의 산업금융 100년사'를 읽으며, 긴 시간 속 위기를 극복하고, 혁신한 과정을 보았습니다. 과거 그랬던 것처럼, 앞으로도 KDB산업은행은 위기를 극복하고 혁신할 것입니다. 저도 그 정신을 이어받아 대한민국 산업 금융 역사 속 한 페이지에 기록되겠습니다.

[경영학 ∪ 공학 = PF 전사]

PF금융 수업 때, '시험에서 0 하나 잘못 쓴 걸 안타까워 하지마. 실무에서 그러면 부도가 나는 거야'라는 교수님 말씀이 인상적이었습니다. PF금융은 다루는 자본의 크기가 커, 수익 창출원이 됨과 동시에 대규모 지원이 가능하다는 점이 매력적이었습니다. 하지만 큰 리스크로 인해, 철저한 사업성 분석과 인허가 대비, 외생 변수 점검 등의 노력이 요구됩니다.

이를 위해

첫째, KDB산업은행이 진행한 BTL사업과 발전 사업, 인프라 사업에 대해 공부하며 리스크 관리역량을 함양하겠습니다. 리드타임과 회수 기간이 길어 발생하는 현금 흐름 리스크를, 사업이 가능한 수준으로 경감시킬 방안을 체득하겠습니다. 그리고 금융 자문과 사업 구조에 대한 선배님들의 노하우를 학습하겠습니다.

둘째, 글로벌 PF 사업 역량을 키워, 국내 기업의 해외 인프라 시장 진출 견인에 기여하겠습니다. 동남아 지역을 중심으로 해외 금융시장 개척을 선도하고, 국내 산업의 해외 진출 기반을 마련하겠습니다.

<자소서 마무리 글>

좀 더 체계적이고 좋은 자소서를 쓰려는 지원자와 더 많은 합격자 사례들을 통해 좋은 작성 기법들을 알려고 하는 지원자는 <이것이 금융자소서이다>를 정독해 볼 것을 권한다.

이것이
금융 취업
입문서이다

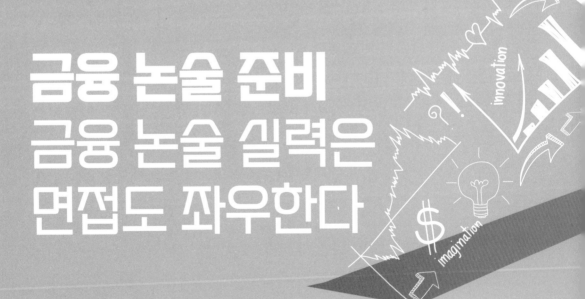

금융 논술 준비
금융 논술 실력은
면접도 좌우한다

PART III

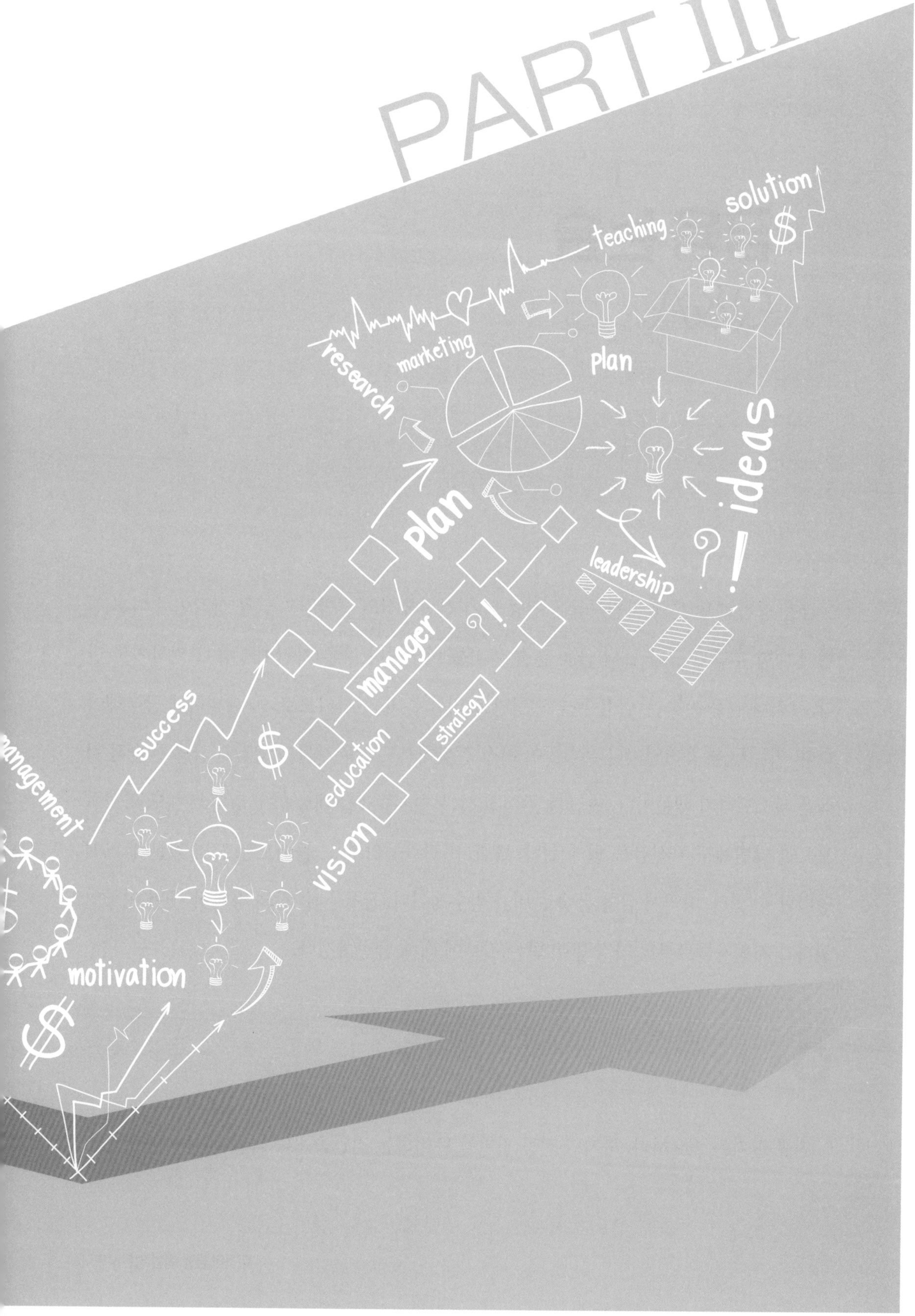
solution
teaching
plan
marketing
research
ideas
plan
leadership
manager
strategy
education
vision
success
motivation

금융 논술
Q&A

금융 공기업 및 은행 지원자들은 전공 필기 전형에서의 압박감과 금융 상식이나 다른 전형에 대한 부담도 크다 보니 금융 논술 준비를 미루거나 다른 지원 대상을 고려하기도 한다. 그러나 금융 논술은 '금융 논술 전형만을 위한 준비'가 아니므로, 꼭 세밀하게 공부해야 한다. 이는 금융 공기업이나 은행들이 면접 전형에서도 지원자들의 생각과 금융 논술적 지식을 테스트하기 때문이다. 면접 때 주어진 질문이나 주제를 대충 알고 있다고 해도 확실히 모르면 답변에서 자신감을 잃게 된다. 또한, 면접관들의 파고 들어오는 꼬리 질문에 크게 당황할 수 있다. 따라서 금융 논술 준비가 필수적이다. 금융 논술 강의 경력이 10년 이상인 필자가 지원자들로부터 가장 많이 받는 질문에 대해 답변하겠다.

Q&A 1 : 전공 필기를 준비하느라, 금융 논술 준비는 별도로 못하고 있다. 신문은 읽고 있지만 불안하다. 어떻게 해야 하나요?

전공 필기는 중요하다. 하지만 전공 필기를 준비하는 것만큼이나 금융 논술도 중요하다.

전공 필기를 통과했다고 해서 합격이 보장되는 것이 아니기 때문이다. 공기업 시험에서는 전후 과정을 모두 통과해야 합격한다. 따라서 하나라도 소홀히 하면 안 된다. 먼저 전공 필기 준비를 하고 나서 금융 논술 준비를 시작하겠다는 이분법적인 사고방식은 나중에 곤란을 겪을 수 있다. 금융 논술은 필기 시험보다 훨씬 많은 범위를 포함하고 있기 때문이다.

그러므로 금융 논술 준비를 병행하는 것이 좋다. 다만 비중을 조절해야 한다. 예를 들어, 하루에 전공 필기와 논술 공부 시간을 배분할 때는 8:2 정도로 할당하는 것이 좋다.

신문을 보는 것은 금융 논술 준비에 큰 도움이 되지 않을 것으로 생각된다. 왜냐하면,

- 신문은 기사와 오피니언으로 구성되는데, 기사는 결론이 없고 오피니언은 본론이 약하기 때문이다.

- 신문은 주로 독자를 위한 글이며, 수험생을 위한 글이 아니다.

- 신문은 취재 목적이나 여론에 맞게 구성하는 경우가 많아 편향이 있을 수 있다.

- 신문은 사실을 과장하거나 자극적으로 표현하는 경우가 많기 때문에, 논제 선정에 큰 도움이 되지 않을 수 있다.

2 : 비전공자인데 금융 논술 수업을 들어도 되나요?

금융 논술은 깊은 학술을 다루거나 계량에 의한 결과를 도출하고 공부하는 과정이 아니다. 따라서 경제나 금융 관련 사전 지식이 그리 중요하지 않다. 상식을 기반으로 통찰력을 발휘하는 것이 중요하다. 다만 원리를 알면 좀 더 쉽게 방향을 제시할 수 있는 과정이다. 실제로 IT 전공이나 공학 분야 출신들도 금융 논술 수업을 어렵지 않게 이수한다. 물론 경제학적 지식이 경제학 개론 수준 정도 있다면 도움이 될 수 있다. 하지만 이것도 경제 이슈에만 국한된 이야기다. 경영학 출신들도 금융 이슈에 대해 모르는 경우가 많다. 따라서 금융 논술 공부의 시작은 '전공'이 문턱이 되는 것이 아니라, '의지' 여부가 문턱이 된다.

Q&A 3 : 그 정도까지 깊게 공부해야 하나요?

그 정도까지 깊게 공부해야 한다. 그 이유는 다음과 같다.

첫째, 실제로 금융 논술 수업에서 교재 외에도 심도 있게 다루었던 특이한 주제들이 종종 출제되며, 면접에서도 자주 등장하기 때문이다. 예를 들어, 2023년 상반기 KDB산업은행 논술 주제로 나온 반 ESG와 신종 자본증권은 수업 시간에 깊게 다뤄진 주제였다. 또한, 중소벤처기업진흥공단에서 출제된 R&D의 장단점, 기술특례상장제도의 문제점 등 깊게 다뤄진 내용들은 중요하기 때문에 깊게 공부했다.

둘째, 깊게 공부해야 경쟁자들과 차별성을 갖는다. 전공 필기 지식은 필기 시험에만 적용되지만, 금융 논술 지식은 자소서부터 면접까지 모든 시험 단계에 적용된다. 표면적인 공부는 면접에서 뚜렷한 차이를 드러내지 못할 수 있다. 따라서 원리를 철저히 이해하고 논리적인 논거를 세우는 학습이 필요하다.

금융 논술을 통과할 정도로만 얕게 공부하거나, 최근 트렌드에만 집중하는 방식은 채용 과정에서 논리적 반박을 당할 가능성이 높다. '전공 필기도 합격선을 목표로, 금융 논술도 합격선을 목표로, 면접도 안전하고 무난하게'라는 마인드는 실제 경쟁 상황에서 쉽게 최종 합격을 이룰 수 없다.

따라서 경쟁자들보다 더 뛰어난 논리와 논거를 갖추기 위해 어떤 주제든 최대한 깊게 공부하는 습관을 갖는 것이 좋다.

Q&A 4 : 금융 논술 준비는 언제부터 하는 것이 좋을까요?

바로 지금이 좋다. 금융 논술 전형이나 면접을 기준으로 오늘이 가장 이른 날이다. 리스크 관리는 결국 시간 관리이다. 중요한 일을 급한 상황으로 만들지 않는 것이 리스크 관리의 핵심이다. 따라서 지금부터 시작하는 것이 바람직하다. '7시간의 법칙'이 있다. 마음먹은 일을 7시간 안에 시작하지 않으면 결국 하지 않게 된다.

필자가 근무했던 은행에서 12년간 근무한 경험에서 보면 지점장님 중 부행장까지 승진하신 분은 15명 정도였다. 그 분들의 공통점은 실행력이었다. 성공은 고민에서 나오는 것이 아니라 행동에서 비롯된다.

다음은 슈페리어뱅커스의 금융 논술 관련 합격자 후기들 중 일부이다. 참고하기 바란다.

<2024년 금융감독원 경력직 합격 후기>

안녕하세요! 선생님, 면접 준비에 많은 도움을 주셔서 감사드립니다!

<이것이 금융 논술이다> 교재를 보면서 논술 준비나 자소서 작성에 참고하곤 했는데, 실제로 선생님을 뵙게 되어 신기하고 대단하시다는 생각이 들었습니다. 교재를 보면서 내용이 참 알차다고 생각했고, 여러 가지 이슈에 대해 다양한 관점으로 접근하는 것이 인상 깊었습니다. 그리고 선생님을 실물로 뵈니 훨씬 더 젊고 멋지셔서 놀랐습니다.

합격 발표 이후 짧은 시간동안 면접을 준비하는 게 부담이 컸는데, 선생님과 함께한 온라인 강의와 모의 면접을 통해 큰 도움을 받았습니다.

<2023년 하반기 KDB산업은행 합격 후기(경영)>

안녕하세요. 저는 선생님의 금융공기업 4주반, 논술총론 4주반, 논술각론 4주반, KDB산업은행 면접 1,2차 수업까지 모두 수강했습니다. 처음 선생님을 찾게 된 계기는 KDB산업은행 서류 전형에서 계속 탈락해 문을 두드리게 되었습니다. 이후 첨삭을 받아 서류 합격을 한 이후로는 선생님을 믿고 계속 수업을 들었습니다.

논술 수업을 들던 초기에는, 무지한 상태여서 내용이 벅찼는데, 지금 합격하고 나서 생각해보니 합격까지 모두 필요한 과정이었다는 생각이 듭니다. 특히 1차면접 수업은 선생님의 수업이 아니었다면 불합격했을 것이라 생각이 듭니다.

<2024년 금융감독원 합격 후기>

선생님께서 보내주신 여러 합격 수기에 도움을 많이 받아서 저도 부족하지만 합격 수기 남겨봅니다!

대학도 수능으로 갔고 논술을 한 번도 해본 적이 없어서 논술이 제일 막막했는데, 선생님의 강의가 매우 큰 도움이 되었습니다. OO전공이라서 금융은 완전히 까막눈이었는데 선생님께서 비전공자도 이해할 수 있도록 쉽게 설명해주시기 때문에, 강의만 들어도 금융 이슈 전반에 대해서 웬만큼 정리가 되었습니다.

<이것이 금융 논술이다> 책에 나온 주제로 다 커버될 수 있다고 생각하지만, 단순히 책을 읽기만 하는 것 보다는 주제별로 2~3가지 논점을 정리해보는 게 좋은 것 같습니다. 저는 논술첨삭을 신청해 놓고도 시간이 없어서 글들을 다 완성하지는 못했지만 개조식으로 논점을 2~3가지씩 스스로 정리해 봤던 게 도움이 되었습니다.

<2023년 SGI서울보증 합격자 논술강의 후기>

23년 상반기 지원 시, 전공 시험은 양호하다고 느꼈으나 논술에 부족함이 많다고 생각하여 김정환 선생님의 금융 논술 강의를 수강하였습니다. 논술강의 수강을 고민하는 분들에게 결정하는데 도움을 조금이라도 드리고자 간략하게 강의 수강하며 느꼈던 점을 적어보겠습니다.

첫째, 논술 공부의 틀을 빠르게 잡을 수 있습니다. 반드시 짚어야 하는 주제, 기업에서 자주 출제되는 주제들을 정리해 주셨기 때문에 논술 대비를 위한 공부의 범위를 최소화 할 수 있었습니다.

둘째, 금융공기업과 은행에서 원하는 글쓰기의 방향을 체크할 수 있었습니다. 대학교 재학 시절 글쓰기 비중이 높은 과에서 공부했기 때문에 논술에 자신이 있었습니다. 하지만 몇 차례의 논술 탈락과 선생님의 강의 수강 후, 기업에서 원하는 방향의 글 전개와 마무리가 있는데, 그간 제가 써온 글들과 차이가 있다는 것을 알게 되었습니다. 해당 부분에 대해 숙지가 되어있는지 여부가 합불에 꽤 많은 영향을 줄 수도 있겠다고 생각합니다.

셋째, 트렌드에 맞는 논술 대비를 할 수 있습니다. 많은 수강생들을 통해 축적된 여러 후기들을 통해 전통적으로 기업에서 많이 출제되었던 이슈와 최근 출제 빈도가 높은 이슈를 확인하여 논술 공부의 양은 줄이고 질은 높일 수 있었습니다.

마지막으로 논술에 대한 두려움을 없앨 수 있는 것이 저 개인적으로는 가장 좋았던 부분이었습니다. 저처럼 막연한 논술 공포증(?)이 있는 분들에게 꼭 수강하실 것을 추천 드리고 싶습니다.

이것이 금융 취업 입문서이다

<2024 금융감독원 신입직원 논술 및 면접 후기>

저는 재학 중에 입사를 준비했기 때문에 평소에 매일 경제, 경영 뉴스를 가볍게 읽고 있었습니다. 바이트 뉴스를 구독하고 있었고, 입사 준비 시작하면서 사회면 뉴스도 팔로우하면 좋을 것 같아 아침 먹으면서 유튜브로 뉴스룸을 시청했습니다. 뉴스룸은 딱히 도움이 되었던 것 같진 않습니다. 스터디도 하지 않았고 글쓰기에 자신 있는 편도 아니어서 10월 초에 슈페리어뱅커스 논술 특강을 보고 신청했습니다.

기억엔 2주 동안 주에 2번씩 2시간 수업, 총 4번 8시간 수업이었는데, 제가 알고 있는 경제 시사 개념이더라도 그걸 글로 쓰기에 필요한 소스들은 전혀 없는 상태라서 논술 특강이 그 점에서 도움이 많이 되었습니다. 예를 들어 부동산 PF 부실화에 대해 대충 알더라도 논술로 글을 작성하기 위해서는 그 배경을 설명할 때 필요한 용어들을 명확히 알아야 하고, 그 상황에서 정부와 금융당국이 취해야 할 입장이라던지 어떤 연쇄 작용이 있을 수 있는지 등등 언어화 할 수 있는 소스들이 필요하고 그걸 정리하는 시간으로 슈페리어뱅커스 특강이 정말 유용했다고 생각합니다.

<2023년 KDB산업은행 합격 후기>

금융 논술 수업

금융공기업 관련 기업 입사 시험에서 약 10번 넘게 면접에서 떨어지면서 자신감을 잃었는 데, '논술 실력'이라는 강점이 저를 지탱해주었고, 결국에는 좋은 결실로 이어질 수 있었습니다. 김정환 선생님의 논술을 2번 들으면서, 주제에 대한 지식의 확장과 더불어, 어떠한 주제에도 저만의 글을 작성할 수 있게 된 점이 좋았습니다. 만약 여유가 되신다면, 논술 수업은 꼭 들으실 것을 추천하고, 이미 들으신 분도 가물가물하시다면 듣는 것을 추천합니다. 예탁결제원, KDB산업은행, 금융연수원, 신용보증기금 등 논술 관련 기업에서는 모두 높은 성적을 받을 수 있었고, 예탁결제원 논술 점수가 당시 50점 만점에 40점이 넘는 것을 보며, 선생님의 방향성이 맞다고 확신했습니다.

특히 논술 수업은 PT면접에서도 구조화 할 때 매우 유용하기 때문에, A매치 준비생 이외에도 B매치 준비생, 은행 준비생도 들으시는 걸 강력 추천합니다. 그리고 비싼 가격이라는 의견이 준비생들 사이에 종종 있는데, 만약 충실히 수업을 들으셨다면 절대 그런 소리를 하지 못할 것입니다. 그리고 저는 논술 수업을 듣는 학생들과 스터디 그룹을 만들어서 함께 PT면접과 논술 작성 스터디를 진행했는데, 그 부분에서도 감각을 기를 수 있어 좋았습니다.

여신 프로세스 및 신용보증기금 업무 수업

논술, 면접 수업만큼이나 정말 좋았던 수업이었습니다. 특히 여신 프로세스 수업은 여신에 대한 프로세스와 직원으로서의 역량에 대해 자세히 설명하는 수업으로, 우리나라에서 유일한 강의라고 생각합니다.

수업 대비 강의료가 정말 저렴하다고 생각합니다. 선생님께 들은 여신 프로세스를 통해 KDB산업은행 지원 동기의 방향성을 잡을 수 있었고, 면접에서 면접관들로부터 매우 큰 관심을 받아 차별화되었습니다. KDB산업은행 수업 뿐만 아니라, 신용보증기금 업무 수업에서도 기금의 업무 프로세스와 사업 방향성에 대해 구체적으로 설명해 주셔서 많은 도움이 되었습니다. 논술 수업을 듣고 여신 프로세스 및 신용보증기금 업무 수업을 들으시는 걸 강력 추천 드리지만, 만약 시간이 없다면 여신 프로세스 및 신용보증기금 업무 수업만이라도 꼭 듣기를 추천 드리겠습니다.

<2022년 한국증권금융 합격 후기>

저는 작년 자기소개서 첨삭을 시작으로 Superior Bankers를 알게 되었고, 선생님의 첨삭 뒤 급격하게 서류 합격률이 오르는 경험을 할 수 있었습니다. 수업을 받아 보신 분은 알겠지만, 알맹이는 놓아두고 글 맵시만 다듬어주는 방식이 아닌, 근본적으로 어떻게 창의적으로 접근해야 하는지 그 방식을 알려주셔서, 저만의 창의적이고 '읽는 재미가 있는' 자기소개서를 작성하는 데 큰 도움을 받았습니다. 실제로 스터디를 할 때도 매번 스터디원들에게 자기소개서 관련해 칭찬을 듣기도 했습니다. 그 뒤로 믿음이 생겨 논술 총론 및 각론 수업을 들었고, 필기 합격 후엔 실무면접, 임원면접 수업도 한 번씩 들었습니다.

먼저, 논술 수업을 통해서는 논술을 구성하는 방식을 배웠을 뿐 아니라, 최근 이슈 논제들을 체계적으로 배울 수 있어 경제논술뿐만 아니라 PT 준비 때에도 내용 면에서 큰 도움이 되었습니다. 또한, 선생님께서 자기소개서와 마찬가지로 논술에서도 (좋은 쪽으로) 눈에 띄는 방식에 대한 팁들도 많이 전수해 주셔서 이것들도 많은 도움이 되었습니다. 다음으로, 면접수업 역시 선생님이 늘 자기소개서와 논술에서 강조하신 내용과 큰 뼈대와 맥락은 비슷했습니다. 다만, 면접 때가 되면 그 강조하신 내용들을 까먹게 되어 실전 연습을 하면서 이를 다시금 떠올리고 체득하는 데 도움이 된 것 같습니다. 자기소개서 첨삭이든, 논술 수업이든, 면접수업이든 선생님이 항상 강조하시면서 "꼭 이렇게 해라"라고 말씀하시는 부분들이 있는데, 정말 이 부분만이라도 잘 열심히 지킨다면 모든 전형을 무사히 통과할 수 있을 것으로 생각합니다.

저 또한 면접은 올해가 처음이었고, 선생님께서 강조하신 부분들을 한 귀로 흘려 넘기지 않고, 최대한 체득하면서 임했던 것이 큰 도움이 되었다고 느꼈습니다.

<2022년 우리은행 합격 후기>

저는 2022 상반기 우리은행 1차 면접 준비를 시작하면서 선생님과 처음 만났습니다. 당시 국민은행에서 디지털 서포터즈를 하고 있었는데 멘토였던 대리님께서 정환쌤을 추천해 주셨고, 우리은행 서류 붙자마자 바로 강의 수강했습니다. 선생님 강의로 면접준비를 시작한 덕분에 뭘 준비해야 좋을지에 대한 감을 잡을 수 있었습니다. 비록 상반기엔 부족해서 잘 안됐지만, 그 이후에 자격증 취득, 인턴 면접, 공채 면접 등 취업의 모든 과정에서 많은 도움이 됐다고 생각합니다.

선생님 강의에서 추천하고 싶은 부분은 면접 직전에 듣는 은행 대비 강의와 금융 논술 총론반/각론반 강의, 1:1코칭 입니다! 특히 각론반 강의는 긴 시간 진행되는 만큼 다양한 주제에 대해 깊이 있게 알아갈 수 있고, 그에 파생되어서 스스로 공부할 점이 많이 생겨서 좋았습니다. 공부하다 보면, '아 여기까지 알아야 되나?' 싶을 때가 많은데, 그런 부분도 파고들어서 해 두면 나만의 깊이와 논리가 생기고, PT에 흔하게 나오는 '~~현상에 대한 금융권/은행의 해결 방안'을 만들어내는 데 많은 도움이 되었습니다.

저는 7개 은행에 제출했던 모든 서류는 다 합격했고, 그 중 4개는 최종까지 다녀왔습니다. 많은 시행착오가 있었지만 결국 다 과정이라는 데 동의합니다. 정말 정말 힘들어도 울고 다시 일어나면 다 할 수 있습니다!!! 이런 글을 쓸 수 있게 만들어 주신 김정환 선생님, 다시 한 번 감사드립니다!!!

chapter 2

금융 논술의
중요성

금융 논술의 중요성은 다음과 같다.

1) 금융 논술 전형은 매우 중요하다. 금융공기업 중 70% 정도가 금융 논술 전형을 실시하고 있다. 이는 전공 필기 전형과 병행되므로, 필기전형의 결과에 큰 영향을 미친다. 논술을 공부하는 과정에서의 통찰력은 향후 면접이나 자소서 작성에도 영향을 준다. 다양한 금융 및 경제 현안을 다루다 보면 문제의 원인과 해결 방안에 대한 통찰력이 향상되며, '대증적' 해결 방안과 '근원적' 해결 방안을 구분하는 능력까지 생긴다. 이는 새로운 문제에 대한 해결능력을 키운다.

2) 최근 자소서에서는 논술형 자소서의 비중이 늘어나고 있다. 신용보증기금을 비롯한 다양한 금융기관은 논술형 자소서를 요구하고 있다. 이러한 추세는 금융 논술 공부의 중요성을 더욱 강조한다.

3) 금융 및 경제에 대한 통찰력은 1차 및 2차 면접에서 경쟁자들과의 차별화를 가져온다. 특히, 발표 면접, 토론 면접, 인성 역량 면접에서 학술적 질문에 대한 답변 능력을

기를 수 있다.

4) 많은 지원자들은 경제나 사회 현안에 대한 이해는 하지만, 이를 금융적으로 풀어나가는 데 어려움을 겪는다. 금융 기관들은 주로 사회적, 상생적인 금융을 강조하는 경향이 있다. 그러나 이는 금융 산업 및 여신에 대한 이해 부족에서 비롯된다. 따라서 금융 논술을 통해 금융적 통찰력을 기르는 것이 중요하다.

chapter 3

금융 논술
준비방법

금융 논술을 준비하는 방법은 다음과 같다.

1) 미리 준비하는 것이 중요하다. 금융 논술은 질적 성장을 위한 장기적인 노력이 필요하다. 논술책이나 강의를 통해 '찍기'식으로 준비하는 것은 효과적이지 않다. 논제 예측은 운에 맡기는 것보다는 꾸준한 노력으로 준비하는 것이 중요하다.

2) 다양한 관점에서 생각해야 한다. 금융 논술은 정해진 답이 없다. 여러 가이드 라인이 있지만, 모두가 옳다고 생각하는 방향은 없다. 다양한 생각과 고민은 통찰력을 키우는 데 도움이 된다.

3) 가능한 많은 것을 '확실히' 알아둬야 한다. 최근 금융공기업의 1차 면접 전형은 금융 논술보다 더 어려워진 경향이 있다. KDB산업은행이나 수출입은행, 신용보증기금 등 주요 금융공기업의 1차 면접 전형은 단순히 경제와 금융에 대해 많이 알고 있는 수준이 아니라, 알고 있는 것에 대한 부단한 꼬리질문들이 이어지고 있다. 스스로 신념이 없으면 꼬리질문에 금방 무너지는 본인의 모습을 보게 될 것이다. 확실히 깊게 공부

를 해 나갈 필요성이 커졌다.

2024년 들어 햇수로 11년째 금융 논술을 강의하고 있다. 10년 전과 분명한 차이점은 금융공기업 지원자들의 수준이 많이 높아졌다는 점이다. 즉, 금융 논술을 미리 준비하고, 같은 논제도 다르게 생각하며, 확실히 논제에 대한 지식과 신념을 갖춘 지원자가 많아졌음을 의미한다. 조금 독하게 들릴 수는 있지만, 남들도 나만큼 금융 논술을 준비하고 있을 것이라는 착각이 6개월 더 취업 준비를 해야 하는 고행길의 시작임을 명심하면 좋겠다.

chapter 4

체리피커 방식?

공룡을 그리라고 하면 크게 2가지 유형으로 그림을 그린다.

첫 번째 유형은 공룡의 얼굴부터 그리기 시작한다. 얼굴을 그리고 나면 이제 몸통을 그린다. 그 후 다리, 꼬리 등을 완성해 나간다. 이렇게 그림을 그리면 머리가 크고 몸통이 작거나, 몸통은 큰데 다리가 짧거나 하는 비대칭형 공룡이 완성될 가능성이 높게 된다.

반면, 두 번째 유형은 공룡 전체 골격에 대한 구도부터 잡는다. Balance와 체계를 중요시하며 뼈대부터 완성한다. 그리고 이를 기반으로 몸통, 머리, 다리 등을 그려 나간다. 근사한 공룡이 그려질 가능성이 높다.

많은 금공이나 은행 지원자들의 금융 논술 방법은 첫 번째 유형이다. '중요한' 또는 '급한' 논제들부터 하나씩 공부해 나가는 방식이다. 체계적 준비보다는 각각의 이슈가 중요하다. 닥치는 대로 이것저것 공부한다. 20 ~ 30개 논제들을 공부해도 한 달이 지나면 70% 이상을 잊어버린다. 논제들 간의 관계성이나 연결성은 개의치 않는다. 해당 논제에 맞는 답변들만 그때그때 공부하면 되기 때문이다. 복합 논제, 또는 공부하지 않은 애매한 논제들이 나오면 망설이고 주저한다. 이런 상황을 접해 본 적이 없기 때문이다. 하나하나는 알지만 부분의 합이나 전체는 머릿속에 들어 있지 않다. 이런 방식의 금융 논술 공부를 개인적으로는 땜빵식 공부라고 한다. 구멍이 계속 뚫리지만 뚫린 구멍을 메꿔 나가기 바쁘다.

두 번째 유형의 뼈대 설정부터 하는 방식은 금융 논술에서도 왜 중요할까?

첫 번째, 체계성을 중요하게 생각하기 때문이다. 논제별, 이슈별 체계성을 설정한 후, 공부를 하게 되면 처음에는 시간이 걸릴지라도 학습을 하면 할수록 효과가 커지게 된다.

두 번째, 전체를 보았기 때문에, 각각의 논제나 이슈들을 공부해도 전체의 틀 안에서 조합되고 구성된다. 따라서 논제 간의 연계성이나 관계들을 이해하기 쉽게 되고, 어떤 논제가 나와도 응용해 나갈 수 있는 능력이 생기게 된다. 이는 결국 학습한 내용에 대한 휘발성도 낮추게 한다. 금융 논술 공부를 할 때 꼭 고민해야 하는 것은 '어떻게 시작할까' 이다.

여러분들은 첫 번째 방식으로 시작하는가? 두 번째 방식으로 시작하는가? 어떤 일에서든 체리피커 방식을 추구하는 사람들이 많다. 체리피커 방식은 효율을 추종하는 방식이다. 중요하고 급한 것들만 찍어서 공부하고 외운다. 설령 그 논제가 실전에서 나오면 본인의 방식이 맞다고 확신하며, 향후 인생에서 등장할 각종 문제들도 더더욱 '체리피커'식으로 접근한다.

왜 금공들은 신입직원 선발 과정을 [자소서 - NCS - 전공 필기. 논술 - 1차 면접 - 2차 면접 등] 여러 단계를 거치면서 최종 합격자를 선별하려고 할까?

물론, 한국 노동시장의 경직성에서도 기인하지만, 더 큰 이유는 폭 넓고, 속 깊은 신입들을 뽑고 싶기 때문이다. '체리피커'식으로 공부를 하면, 상기 채용 과정에서 어떤 한 전형에서는 스스로에 대한 부족함이 드러날 수밖에 없다. 운은 계속 나를 쫓아오지 않기 때문이다. 기본과 개념부터 공부하고, 최대한 넓게 자료들을 챙기고, 깊게 파고드는 묵직한 준비를 하는 지원자들과 트렌드를 추종하고, 슬라이스식으로 얇게 공부한 지원자들과의 격차는 결국 논술이든, 1차 면접이건, 임원 면접에서든, 어느 전형에서든 차별화될 수밖에 없다. 금공채용의 전 과정에서의 핵심은 결국, 효율이 아닌, 효과를 위한 준비 방식을 채택한 지원자들의 합격 가능성이 높아질 수밖에 없다. 요령이 아니라 정석을 추종하라고 말하고 싶다. 스스로 효율이라는 달콤함에 효과를 놓치고 있는 것은 아닌지 고민해 볼 일이다.

chapter 5

효과적인
금융 논술 준비

금융 논술에서 "효율적"인 왕도는 없다. 하지만 "효과적"인 왕도는 있다.

① 최대한 미리 준비하고

② 수많은 경제, 사회적 현상을 공부하고,

③ 직접 꾸준히 작성해 보는 것

이 그것이다. 하지만, 시중은행이나 금융공기업을 준비하는 분들의 <금융 논술> 학습 방향을 보면 '효과'보다는 '효율'에 집중하는 경향이 보인다. 그리고 때로는 그 '효율'이 지나쳐 <금융 논술 필기 전형일>에 임박해서야 허겁지겁 <최신 이슈 10여 개의 논제만 찍어서> 암기하고 외우는 극단적인 효율 추구 성향까지 보았다. 이는 2가지 면에서 여러분들을 위태롭게 할 수 있다.

첫째, 금융 논술 시험문제의 출제는 꼭 최신 이슈만 출제되지 않는다는 점이다. 그 동안의 은행, 금융공기업의 금융 논술 <기출 논제>를 자세히 분석해 보면, 시간이 많이 흘러도 현재까지도 지배하는 오래된, 하지만 중요한 논제들도 상당수가 있다. 그럼에도 불구하고 토픽성 최신 이슈들만 찍어서 공부하는 것은 '효율성'이라는 명분하에 금융 논술 필기 시험에서 '겜블(Gamble)'을 시도하는 것이다. '중요한 것을 미리 준비하지 않는 자들'의 곡예로 보인다. 취업과정에서 지나친 '효율'은 위험하며, 결국은 합격이라는 '효과'를 위해서는 미리미리 전체 논제를 고찰하는 유비무환의 자세가 오히려 지름길이 될 수 있다.

둘째, 겜블 성향은 그 특성 상 중독성이 강해, 추후에도 반복된다. 겜블에 성공한다 해도, 이는 오히려 자신의 예측력을 과신하게 한다. 즉, 찍은 논제가 나와 금융 논술에서 고득점을 받고 합격을 한다 해도, 이러한 도박 성향은 추후 발생하는 각종 의사 결정의 상황에서 또 겜블을 추구하게 한다. 매번 찍는 것이다. 뿐만 아니라, 성실하게 미리 준비하는 사람을 업신여기게 된다. 이는 결국 기나긴 인생에서 '언젠가는 만나게 될 큰 실패의 작은 씨앗'이 될 수도 있음을 유념해야 할 것이다.

요컨대, 도박적 성공은 결국 불행의 씨앗을 잉태한다. 최대한 많은 논제들과 현상들을 공부하면 금융 논술시험에서 시너지가 생긴다. 그 이유는 대부분의 경제, 사회적 현상은 복합적이며 예측 불가능한 원인을 이유로 발생하며, 결론을 위한 통찰력은 결국 상호 의존적이며 연결성이 강하기 때문이다.

이것이 금융 취업 입문서이다

chapter 6

'금융' 부문에 대한 깊이 있는 학습

금융 논술의 결론 작성에서 아직도 뻔한 결론만 떠오르나요?

최근, '금융공기업'과 '시중은행'의 채용 경향을 보면,

① 해당 금융기관에 대한 업무 이해도

② 금융 상품과 금융에 대한 이해도

③ 디지털적 통찰력

3가지의 특성이 강조되고 있다.

특히, <금융기관에 대한 업무 이해도>와 <금융 상품과 금융에 대한 이해도>에 대한 비중은 점점 높아진다. 즉, 금융기관들의 신입 사원들에 대한 <업무적 기대치>가 점점 높아지고 있으며, 학생들에게는 더욱 <풍부하고 심도 있는> 금융 지식에 대한 필요성 또한 커지고 있다.

하지만, <금융 논술>의 사례만 보아도, 아직도 금융공기업이나 시중은행을 준비하는 학

생들의 <금융업 전반에 대한 이해도>와 <업무에 대한 이해도>는 기대에 못 미친다. 이는 아무래도 <금융권 경력자의 실무 경험>에서 우러나오는 <방법론적 접근법>에 대한 강좌가 절대적으로 부족하기 때문인 것으로 보인다.

금융 논술의 준비는,

[Step 1] 이슈들에 대한 분석을 통한 경제/사회/금융적 흐름 고찰
[Step 2] 논제별 정보 수집과 기초 지식 학습
[Step 3] 논제별 본론의 개요 및 구성 설정
[Step 4] 논제별 결론 키워드 설정 및 방향성 제시

의 과정을 통해

가. 1개의 개별 논제에 대한 습득이 진행되며,

나. 피드백을 통해, 구성의 재검토와 함께 또다시 새로운 논제에 접근하게 되고,

다. 이러한 일련의 반복 과정을 통해 논술적 지식과 통찰력의 확장이 진행된다.

하지만, 금융공기업이나 시중은행을 준비하는 많은 학생들의 경우 <Step 1, 2>는 잘 실행하는 데 반해, <Step 3, 4>에 대한 고민을 많이 호소한다. 특히, 금융 논술에서 가장 중요한 부분인 <Step 4>에 대하여 상당히 어려워한다. 즉, 결론을 끄집어 내지 못한다.

<Step 1, 2, 3>은 지식적인 측면이 강하고, 이는 기사나 연구소 자료에 많이 다루어져서 접근성이 용이한 반면, 이와 달리 <Step 4>인 결론의 경우, 핵심은 통찰력이며. 이에 대한 자료가 부족하고, 훈련이 잘 이루어지지 않기 때문이다.

그 결과 학생들이 가장 많이 작성하는 결론의 유형은,

① 중소기업을 지원해야 함(뻔한 교과서적 결론)

② 서민 경제와 중산층 지원을 통한 공공성 달성(뻔한 교과서적 결론)

③ 좋은 부분은 극대화하고 나쁜 부분은 지양(있으나 마나 한 관념적 결론)

등 심각한 수준이다. 그 이유는 결국 상술했듯이, 금융과 금융기관에 대한 이해가 부족하기 때문이다. 슈페리어뱅커스 금융 논술 강의의 장점은 이러한 문제점의 해결에 핵심을 두고 있다. 결론에 대한 체계와 집대성이 큰 강점이다.

한 가지 예를 들면, 슈페리어뱅커스에서는 <미국의 금리 인상>에 대한 결론적 접근의 경우,

거시 경제적 측면

1. 자본시장 자금 유출을 방지 → 거시 건전성 3종 세트에 대한 이해 → 산업 전반에 대한 경쟁력 향상 방법론 → 국가적/금융 기관별 외화 유동성 확보를 위한 방안(외환보유고/통화스왑/외평채, 코미티드라인/포페이팅 등)
2. 수출 증대 → 금리와 환율에 대한 이해 → 대외 경제 변수와 한국 경제 상황에 대한 이해 → 수출기업 유동성 지원 방안과 환리스크 관리 방안(금융중개지원 대출, 온랜딩 대출, 보증기금 활용 방안, 무역보험공사의 역할)

금융기관 측면

1. 리스크 관리 방안 → 외화 유동성 확보(LCR, 자기자본 확충) → 채권평가손실 리스크 관리 → 신용리스크 관리(조기경보기업, 주의관찰기업, 고정이하 여신관리)
2. 영업극대화 방안 → 예대마진 증가에 대한 선제적 전략(왜 금리 인상은 은행의 NIM 증대에 기회가 되나?)

이처럼 다양하고 체계적인 결론을 제시함과 동시에 각각의 금융기법들과 이론들에 대해 알기 쉽고 이해가 쉽도록 구체적으로 설명한다.

chapter 7

한국은행
논술 준비

"한국은행 논술은 어렵다"라는 말이 많은 한국은행 지원자들 사이에 퍼져 있다. 그러나 이 말은 반은 맞고, 반은 틀리다. 항상 어려운 것은 아니기 때문이다.

한국은행 논술을 언급하면 떠오르는 것은 '학술적' 논술, '인문학적' 논술 등의 단어들이다. 이는 다른 금융공기업의 논술 주제와는 달리 학술적인 측면이 두드러지기 때문이다. 또한, 경제와 사회 현상에 집중하는 것보다는 그 현상을 바라보는 통찰력을 중요시한다.

예를 들어, 2013년 한국은행 논술 주제인 '맹자에서의 지문'이 있다. 이 주제는 나중에 사회적인 이슈가 되었던 것도 있지만, 학술적이고 인문학적인 관점에서 접근해야 했다. 또한, 2015년의 'Big I 와 Small We', 2020년의 '군중 심리'와 같은 주제들도 마찬가지이다. 이러한 주제들은 현상을 통해 인문학적인 접점이 필요한 논제이다. 인문학은 인간의 본질을 탐구하는 학문으로, 이러한 관점에서 접근해야 한다.

그러나 매년 이러한 인문학적이고 학술적인 논제들만 출제되는 것은 아니다. 금융 논술적인 부분도 상당히 자주 출제된다. 다음은 2013년 이후의 한국은행 논술 기출 문제들이다.

<2023년 한국은행 논술>

(가)를 통해 지역 불균형의 원인과 지역 불균형이 국가적 문제가 되는 이유를 서술하시오.

(나), (다), (라)를 통해 대응 방안을 서술하시오.

지문 (가)

1. 지역 인구의 유출과 지역의 출산율이 감소하고 있다는 내용

2. 김포 골드라인 기사 내용

지문 (나) _ 시골로 전입 온 인구의 대부분이 얼마 지나지 않아 다시 떠난다는 내용

지문 (다) _ 외국의 경우 지방 정부가 지역 개발에 필요한 사업을 직접 계획하고, 자금을 사용
한다는 내용

지문(라) _ 지역의 매력도, 경쟁력 지수는 인프라, 복지, 교육 등에 의해 결정된다는 짧은 문장

<2022년 한국은행 논술>

일반 논술 국민연금 개혁, 주택 문제 중 택1 집단 지성을 발휘해서 어떻게 해결할 것인지.

<2021년 한국은행 논술>

그린 스완, 기후 변화로 인한 금융 위기, 인구 절벽 관련 제시문을 주고, 기후 변화로 인한 금융
위기와 인구 절벽 문제의 공통점 3가지를 서술하고, 이 중 1가지 문제를 선택하여 부정적 영
향을 완화시킬 수 있는 방법에 대해 논하라.

<2020년 한국은행 논술>

최근 부동산, 증권, 금융 시장에서의 '영끌(영혼까지 끌어모음)'현상으로 본 '군중 심리(Herd
mentality)'를 분석하라.

<2019년 한국은행 논술>

탈세계화의 원인, 한국이 맞이한 리스크와 대응 방안

<2018년 한국은행 논술>

탈원전 공론화 위원회의 제안에 대한 예시문을 제시한 후 '현대사회 특성에 맞는 사회 갈등 현
상, 갈등 해소 장단점/보완점, 갈등 해소 심화에 대한 해소 방법'

<2017년 한국은행 논술>
공통 : 미디어 발달에 따라 소통 과정에서 나타나는 다양한 갈등의 원인을 설명하고 갈등 완화방안 제시하라.
경제 : 인구 고령화와 통화 정책
경영: 최저 임금

<2015년 한국은행 논술>
BIG I 와 SMALL WE(개인주의 성향이 높고 단체주의 성향이 낮음)

<2014년 한국은행 논술>
사내유보금 – 경제 활성화, 기업 자율성 저해 어느 견해에 동의 [경영직렬]
고령화, 실업률, 세대 간 갈등 [일반 논술]

<2013년 한국은행 논술>
-빅데이터의 파급 효과와 부정적 효과 개선 방안, – 맹자 지문 관련된 논술 - 양적 완화 축소 [경제직렬]

한국은행 논술 기출들을 통해 몇 가지 논술 학습의 방향성을 도출할 수 있다.

가. 한국은행 논술은 지문 제시형으로 기본적으로 독해력이 중요하다. 독해의 기본은 꼼꼼히, 빨리 읽어가는 것이다. 다만, 주석이라든지 마지막 문장이라든지, 예외사항이라든지, 이런 부분들은 절대 놓치면 안 된다. 이런 놓치기 쉬운 작은 부분들에 핵심 키워드가 있는 경우들이 많기 때문이다.

나. 한국은행 논술은 보통 2~3가지 지문이 제시되는데, 그 지문들이 꼭 한 주제를 제시하고 있지는 않다. 여러 주제들이 섞이는 경우가 많으며, 이런 다양한 지문들을 보고 스스로 함의점을 도출해야 한다. 즉, 금융 논술 공부를 할 때, 논제별로 분절된 학습을 하는 것은 한국은행 논술에 맞지 않다. 슈페리어뱅커스에서는 이미 오래 전부터 이런 부분들에 대해 자주 언급을 한 바 있다.

다. 한국은행 논술 준비를 위해 최소한 '핵심논제'와 '최신논제'에 대한 [현상]에 대해서는 정확히 알고 있어야 하며, [결론적 방향성]은 미리 설정해 놓는 것이 중요하다. 특히 2023년 이후 물가부터 시작해서 거시 경제적인 이슈가 상당히 두드러지고 있다. 그런 만큼, 기본적인 거시경제 이슈는 챙기되, 의외로 사회 이슈가 나올 가능성도 높기 때문에 국내 사회 문제도 놓치면 안 될 것이다.

라. 인간의 본질, 사회적 갈등 등이 주제로 나오는 경우도 있으니, 이런 인문학적인 책이나 보고서는 스스로 1~2권 정도는 읽어 볼 것을 권한다. 개인적으로 권하는 책은 몽테뉴의 『수상록』과 마키아벨리의 『군주론』이다. 물론 『수상록』은 1,000페이지가 넘기 때문에 완독하기 힘들 수 있지만, 에세이 형식이라 쉽게 읽히므로 읽어 볼 수 있는 데까지라도 읽는다면 논술 작성에 도움이 될 것이다.

chapter 8

금융감독원
논술 준비

　　금융감독원 필기 전형 중 논술형은 그간 다소 변화가 있었다. 한때는 전공 필기도 논술형이었으며, 일반 논술도 2가지 일반 논술 논제를 다 쓰라고 한 적도 있고, 택1하여 작성하라고 한 적도 있다. 하지만 2023년 금융감독원 전형을 보면 1차 필기는 NCS기반이었으며, 2차 필기는 전공의 경우 주관식 형태로 200점 배점이었으며, 일반 논술의 경우 2개 논제 중 택1의 형태로 200점 배점이었다.

　　다만, 2022년 상반기 금융감독원 특성화고 채용 때에는 논술이 2문항 출제(금리 인상, 한전 적자)되었으며 2문항 모두 답안을 요구했다.

　　2024년 올해 금융감독원 전형도 2023년 방식을 준용할 가능성이 높지만, 언제든 바뀔 수 있기 때문에 만반의 준비가 필요하다.

　　다음은 금융감독원 논술 기출 문제들이다.

<2023년 금융감독원 논술 택 1>

1. 탄소세 도입이 기업 에너지 사용에 미칠 영향과(대기업에 면죄부가 된다는)제시문을 바탕으로 기업의 비용 편익 판단에 의해 효과적일 것. 탄소 배출권이 거래의 대상으로 전락한다는 제시문을 기반으로 비판하라.

2. 우리나라가 초고령 사회에 진입한 상황에서, 보험요율은 낮고, 소득 대체율은 그에 비해 높다. 그러나 실질적인 체감이 높지 않으니, 소득 대체율을 더 높이는 개혁을 하자. 이에 관해 복수의 근거를 바탕으로 자신의 주장을 개진할 것.

<2022년 금융감독원 논술>

발문은 금융 불안에 대한 대응 방안 출제되었고, 주어진 지문 내용 자체는 3고 현상을 담고 있음.

<2021년 금융감독원 논술>

ESG경영이 글로벌 화두로 부상한 상황에서 ES경영에 대한 정의를 내리고 금융회사의 ESG경영이 필요한 이유를 쓰시오. 또한 금융회사가 ESG경영을 실현하기 위한 방안과 이를 지원하기 위한 금융당국의 역할에 대해 쓰시오.

<2020년 금융감독원 논술>

1. 불법사금융의 증가 원인과 금융 소비자, 금융회사, 정부 측의 불법 사금융 근절 위한 해결 방안.

2. 코로나19로 인한 이동 동선에 대해 개인 사생활 침해 vs 공동체의 안전을 위한 알 권리 의견 제시.

<2019년 금융감독원 논술>

일반 논술은 2개 중 택1

1. 금융 분쟁에 대해 논하라 : 지문으로 캠코 투자 상품 피해 등이 제시.

2. 대일 무역 분쟁에 대해 논하라 : 지문으로 지소미아 종료, WTO 제소, 한국의 일본 백색국가 제외, 불매 운동 및 여행 자제 운동 4가지에 대해 평가하고 해결책 제시.

경제직 전공 논술에서 관련 주제는 핀테크와 포용금융이 묶여서 나왔고 저성장 저금리 저물가 시대에 금융당국의 대응을 물어봄.

<2017년 금융감독원 논술>
- 공통 : 한국의 공직자 윤리가 낮은 이유와 제고 방안.
- 경영 : 4차 산업혁명이 금융산업에 미치는 긍정적 · 부정적 영향과 금융당국의 대응 방안.
- 경제 : 가계 부채가 경제에 미치는 영향.
- IT : 블록체인의 한계

<2016년 금융감독원 논술>
- 경제 직렬 : 외국 노동자 유입, 김영란법.
- 경영 직렬 : 핀테크(핀테크로 인한 최근의 금융 환경의 변화 양상, 그에 대한 금융산업의 영향을 긍정적 측면과 부정적 측면으로 나누어 서술하고, 이에 대한 금융회사와 금융감독당국의 역할을 논하시오), 김영란법.
- IT분야 : 가계 부채 증가 대응 방안, 김영란법.
- 공통 : 기업 구조 조정 문제.

<2015년 금융감독원 논술>
1. 소득 불평등의 문제점과 앞으로의 방향.
2. 금융위기 시(지문 제시) 구제를 위해 은행 지원 또는 소비자 지원 택1 후 논리 전개.
   [경제 전공 시험] 객관식에서 수업 시간에 했던 바젤 관련해서 나왔고, 금리 인상과 중국 외환보유고 감소 등이 나옴.
   [경제 전공 논술]은 고령화로 인한 금융기관이 받는 영향과 대응 방안, 금융당국의 대응 방안.
   - 경영 : 1. 소득 불평등 문제점과 완화 정책
           2. 금융권이 국민 소비자에게 이미지(평판)가 좋지 않은데 그 원인과 금융기관 및 금융감독원의 대응 방안.
   - IT 직렬 : 금감원이 IT보안 규제를 강화하는 데 SWOT분석?

<2014년 금융감독원 논술>
미국 양적 완화 중단 이후 은행, 보험, 증권업에 미치는 영향에 대해 기술. 노키즈(NO KIDS)존.

<2013년 금융감독원 논술>
- 우리나라 회계의 투명성이 왜 낮은지와 회계의 투명성을 어떻게 제고하는지.
- 여성의 고위직 진출이 낮은 이유와 그에 대한 대안.
- 불완전 판매.

지금까지의 금융감독원 논술 기출들을 보면 몇 가지 학습의 방향성을 도출할 수 있다.

가. 지문 제시형인 경우가 있다. 지문 제시형은 누누이 강조하지만, 지문을 빨리 읽고 함의점을 도출할 수 있는 독해력이 중요하다. 특히, 지문의 구석에 있을 만한 주석, 예외, 수치, 참조 등을 놓치면 안 된다.

나. 논제의 구성이 상당히 다양한 편이다. 경제 이슈부터, 국제 이슈, 금융 이슈, 사회 이슈 등 전형 당시 시점에 중요한 부분들이 다수 출제되었음을 알 수 있다. 폭 넓은 공부를 해야 한다. 폭 넓은 공부를 할 때 가장 중요한 부분은 체계성이다. 체계성 없이 이것저것 닥치는 대로 공부하는 것은 학습의 효과를 떨어뜨릴 수 있다.

다. 택1 형으로 진행될 가능성이 높다는 것은, 잘 된 답안이 많아질 가능성이 높음을 의미한다. 한 가지 논제를 공부하더라도 허투루 대충 알고 넘어가겠다는 식으로 공부해서는 안 된다.

라. 배점이 전공 필기와 일반 논술이 각각 200점씩으로 50%씩 구성되어 있다. 물론, 전공 필기에서 과락이 나오면 논술 채점까지 하지 않는 경우도 많지만, 그럼에도 일반 논술의 비중이 상당히 높다. 역으로 생각해야 한다. 전공 필기의 편차보다 일반 논술의 편차가 더 클 수 있다. 즉, 전공 필기 1개 더 맞추는 것보다 일반 논술을 압도적으로 잘 작성하는 것이 훨씬 유리할 수 있다. 남들 하는 수준으로 일반 논술 준비를 하기보다는, 더 많이 공부할 것을 권한다. 그리고 이는 결국 면접에서도 빛을 발하게 하는 요인이 될 것이다.

chapter 9

KDB산업은행
논술 준비

KDB산업은행의 전공 필기 수준의 난도는 높은 편이다. 그리고 이에 못지않게 금융 논술도 쉽게 출제되지 않는다.

먼저, KDB산업은행의 금융 논술 기출 주제들부터 살펴보자.

\<2023년 상반기 KDB산업은행 논술\>

[논술]

가, 나 현상이 나타나게 된 원인을 두 가지 설명하고, 나, 다를 바탕으로 정책 금융 기관의 역할을 논하시오.

가. 러우사태 등 자본시장 불황. 이제는 안정적 성장 어렵다. 불안정하다.

나. 반ESG ETF가 인기가 많다. ESG 안 보고 수익률만 보겠다는 것이다. 기업의 재무적 요인만 집중하겠다고 한다.

다. 전구를 하나씩 연결하면 하나가 꺼지면 다 꺼져버린다. 그러나 계단처럼 병렬식으로 연결하면 2층이 꺼져도 1, 3층은 켜져 있다. 배관을 까는 건 병렬식이 비싸지만, 회복 탄력성이 있어서 병렬식으로 해야 한다.

[약술]

신종 자본 증권이 자기 자본인 이유.

<2023년 하반기 KDB산업은행 논술>

가)와 나)의 시사점과 다)의 관점에서 해결책을 제시하시오.

가)지문의 내용 : 일과 가정의 양립을 위해 노동자들은 유연한 근로 형태를 요구한다.

나)지문의 내용 : 생산성의 저하로 기업은 재택 근무를 축소하고 있다.

다)지문의 내용 : (이스라엘과 이집트의 사나이 반도 협정 내용) 갈등의 해결을 위해서는 표면적인 갈등 내용보다는 본래의 목적과 이해 관계에 집중해야 한다.

<2022년 하반기 KDB산업은행 논술>

경제 성장만을 중시하는 풍조는 더 이상 유효하지 않다, 경제 성장이 다른 가치를 보장해주는 시대는 끝났다는 내용이 나오고, 뒤에 정책 자금 금융기관으로서의 KDB산업은행의 역할이 내용으로 나옴. 질문은 우리 산업에 대한 문제점과 KDB산업은행이 나아가야할 방향에 대해 논하라.

<2021년 상반기 KDB산업은행 논술>

ESG경영 중요성이 강조되면서 발생하는 투자 회수 문제와 금융기관의 대처 방안.

탈 석탄화.

<2021년 하반기 KDB산업은행 논술>

포스트 코로나(팬데믹)가 한국 산업에 미친 영향과 정책금융기관이 해야 할 역할.

<2020년 상반기 KDB산업은행 논술>

AI의 발전과 고용 관계

<2020년 하반기 KDB산업은행 논술>

[오전]

제목 KDB산업은행 논술: 스타트업

KDB산업은행 논술: 스타트업 '뉴럴링크'의 뇌 이식 칩 기술 관련, 본인의 견해를 자유롭게 서술하시오.

– 제시문은 1페이지에 딱 한 개 매우 간략하게 나옴.

– 뉴럴링크의 뇌 이식 칩 기술을 돼지에 적용해서 성공한 기사 간략하게 주어짐.

- 찬성의견(간단히 제시됨): 질병 치료의 효과 기대.
- 반대의견(간단히 제시됨): 기술 활용에 대한 우려 간단히 소개.
간략하게 지문이 주어지고, 본인의 견해 자유롭게 기술.

[오후]
물질이 온도 등 특정한 외적 조건에 따라 바뀌는 물리적 현상인 '상전이'와 관련된 지문을 제시한 후 코로나 펜데믹과 같이 우리 사회에 급격한 변화를 유발할 수 있는 외적 조건이 무엇이고, 그로 인해 초래될 수 있는 변화에 대한 금융권의 대응 방안을 논하라.

<2018년 KDB산업은행 논술>
제시문 3개 주어짐.
제시문 가 : 인구 감소에 따른 성장률 감소 문제.
제시문 나 : 공유 경제(책 제목 : 한계 비용 제로 사회).
제시문 다 : 인공지능(4차 산업혁명으로 이해함).
문제 : 제시문 가의 문제점을 설명하고, 제시문 나, 다의 사회적·경제적 영향이 그 문제점에 미치는 영향을 서술하시오.

<2017년 KDB산업은행 논술>
1. 제시문 (가), (나)를 통해 알 수 있는 문제점을 정의하고, (다)에서 얘기하는 넛지를 통해 대응 방안을 제시하시오.
   제시문 (가), (나)는 금융 경제 이런 내용이 아니고, 그냥 조직 내에서 일어나는 사람과 사람 사이의 내용임. 그냥 일상적인 문제가 제시됨.
   (가)는 남녀 간 배려의 문제, (나)는 세대 갈등 문제.
   (조남주의 장편 소설 『82년생 김지영』에서 남녀 갈등을 드러낸 부분과 올해 노벨 문학상 수상자 가즈오 이시구로의 소설 『부유하는 세상의 화가』에서 세대 간 갈등을 드러낸 부분을 발췌)
2. 제시문을 읽고 창업가 정신을 정의하고 KDB산업은행의 역할을 논하시오.

<2016년 KDB산업은행 논술>
3가지 제시문 (4차 산업혁명, 금융 불확실성 증대 등) -> 금융기관 대응 방안.

<2015년 KDB산업은행 논술>
1. 탕평책 – 인재 채용.
2. 외국인 근로자수 증가로 생긴 문제, 우리나라 노동 인구 감소.

<2014년 KDB산업은행 논술>
- 기업의 사회적 책임이 대두, KDB산업은행이 공동 가치 창출을 어떻게 창조 경제와 연결하여 할 수 있나.
- CSV, 사례 제시.
- 집단 의사 결정(사례 제시).

<2013년 KDB산업은행 논술>
- 경제 민주화.
- 중소기업, 대기업 상생 방안.
- 빅데이터 관련 은행 대출.

KDB산업은행 논술 기출들을 살펴보면 다음과 같은 결론을 도출할 수 있다.

가. KDB산업은행 논술 전형에서 결론에서 원하는 방향성은 특정되어 있지 않고 다양하다.

① 정책 금융 기관의 방향

② 금융권의 방향

③ KDB산업은행의 방향

④ 정책 당국의 방향

⑤ 본인의 견해 제시 등

→ KDB산업은행 논술 준비를 하는 지원자는 다양한 각도에서 방향성을 도출하는 연습을 해야 한다. 사안에 따라, 정책금융기관, KDB산업은행, 본인의 견해 등 능수능란하게 결론들을 생산하고 기술할 수 있어야 한다.

나. KDB산업은행 논술 전형의 주제는 '금융'주제로만 국한되어 있지 않다.

① 경제 현상

② 기업 내부 문제

③ 디지털

④ 사회 문제

⑤ 트렌드 주제(ESG, 탈 석탄 등)

→ KDB산업은행 논술 준비를 하는 지원자는 현재 중요한 다양한 주제들을 모두 살펴볼 필요가 있다. 최대한 많은 주제들을 공부하고 가야 한다. 찍어서 공부하거나 트렌드적인 것만 공부하는 것은 위험한 발상이다.

다. KDB산업은행 논술 전형에서는 다양한 제시문이 주어지는 경우도 있으며, 그냥 단순히 주제가 주어지는 경우도 있다. 다만, 제시문이 주어질 가능성은 언제나 항상 높다.

→ 독해력도 중요하다. 그리고 더더욱 중요한 것은 몇 가지 다른 제시문을 읽고, 공통된 또는 차별화된 통찰력을 찾아야 한다. 이제는 단순히 잘 나올 만한 논제 10가지 정도를 선정하고, 달달 외워서 준비하는 것은 위험하다. 논제 간의 연결성과 관계를 볼 줄 알아야 한다.

라. 꼭 최신 논제만 출제되지 않는다.

→ 2016년 1월 다보스포럼에서 등장했던 4차 산업혁명이 2016년 KDB산업은행 논술로 출제되었지만, 2018년과 2020년에도 출제되었다. 즉, 논제도 시계성이 존재한다. 중요한 논제는 오래된 논제라도 필히 공부해야 할 것이다.

최근 들어 금융 논술 준비를 할 때, 짧은 시간 내에 이것만 공부하면 된다는 식의 광고나 홍보성 글들을 많이 보았다. 전공 필기에 투자를 많이 하는 대신, 금융 논술은 이것만 공부하면 된다는 식인데, 실패의 지름길이다.

필자의 생각은 전혀 다르다.

2024년 기준으로 7월말까지 전공 필기 공부를 하다가 틀리는 문항은 2024년 10월 A매치에서도 틀릴 가능성이 높다. 시간 낭비일수도 있다는 점을 고민해 보기 바란다. 오히려 금융 논술 준비에 박차를 가해야 한다.

금융 논술은 편차가 크기 때문이다. 최대한 격차를 벌릴 수 있다. 금융 논술 지식은 나중에 KDB산업은행 1차 면접, 2차 면접에서의 큰 자산이 된다. 면접에서도 전공 필기를 물어볼 거 같은가? 금융 논술적 이슈가 결국 논술뿐만이 아니라. PT면접, 토론 면접의 근간이 된다.

최근 들어 금융 논술을 작성할 때, 저자가 임의로 정한 목차대로만 쓸 것을 강요하는 책들도 보았다. 이 또한 상당히 위험한 발상이다. 금융 논술 채점관들이 바보인가? 찍어낸 듯한 글들을 그들은 모를 것 같은가? 일반적으로 금융 논술은 한 사람이 채점하지 않는다. 집단 지성으로 채점을 하는 데, 동일 목차에 동일한 글들이 걸러지지 않을 것 같은가? 스스로 목차를 구성하고, 스스로 뼈대를 세우는 연습을 한 후, 유니크한 나만의 논술을 써야 한다.

chapter 10

수출입은행
논술 준비

수출입은행은 2021년 금융 논술, 일반 논술 전형을 부활했다. 원래 2010년대 초반까지 일반 논술 전형을 실시하다가 폐지했던 것을 부활한 것이다. 물론 그럼에도 직렬별 전공 논술은 보았다. 수출입은행의 논술 주제는 한 마디로 표현하면 말 그대로 '일반 논술'이라고 볼 수 있다. 그렇다고 '일반 논술'만 준비해서는 안 된다. 왜냐하면, 2015년 전공논술에서 'TPP 가입 찬반'이 논술로 출제된 적도 있다. 즉, 결국은 모든 논제들을 폭 넓게 학습해야 한다.

수출입은행 일반 논술 기출 문제들을 살펴보면,

<2022년 수출입은행 논술>
[일반 논술]
재택 근무의 장단점과 앞으로 업무 방향.
[경제직렬]
A 현실주의 B 자유주의 (설명지 주어짐)

1, A와 B 중 선택, 현재 국내 주의를 설명.
2. 문제점.
3. 해결 방안.
[경영직렬]
여러 키워드 제시. 세계 경제의 문제점.
1. 제시 단어 중 3가지 이상 활용.
2. 대처 방안.

<2021년 수출입은행 논술>
탈탄소.

2~3회의 금융 논술, 일반 논술 기출 주제만을 가지고 분석하기는 쉽지 않다. 다만, 그럼에도 불구하고 수출입은행의 논술 주제를 보면 몇 가지 함의점이 있다.

가. 수출입은행 논술 준비에서 결국 그 출발점은 국제 이슈일 가능성이 높다는 점이다.

2021년 수출입은행 논술 주제 탈탄소 정책은 지금도 뜨거운 메인이슈이다. 그리고 국제적 흐름이다. 물론, 개인적으로 탈탄소 정책을 찬성만 하는 입장은 아니지만, 메인 주제인 만큼 반드시 공부하고 숙지해야 한다. 2024년은 그 어느 때보다 수출입은행의 논술 주제로 국제 이슈가 나올 가능성이 높다.

- 글로벌 통화 정책의 변화

- 인플레이션, 스태그플레이션

- 애그플레이션

- 한국 무역 수지

- 대중국 무역 수지

- 엔저 현상

- 중국 리스크 증대

- 보호무역주의

- 공급망 다원화

- 디지털세

- 탄소중립세

- 전환금융

등 굵직한 사건들이 결국 국제 이슈로 귀결되는 경향이 있기 때문이다. 그리고 필자는 외환은행에서 12년을 근무하는 동안 수출입 업무와 기업여신 업무를 주로 수행했다. 이러한 주요 이슈들을 실무로 연결해보는 것도 미리 고민하면 좋다.

- 수출입 방식

- 플랜트 금융 방식

- 선박금융 방식

- ODA 방식

- 환율보험

- 수출입은행 BIS자기자본비율

등으로 연결해서 미리 고민하고 준비하면 큰 도움이 될 것이다. 이는 결국 수출입은행 논술뿐만이 아니라, 수출입은행 면접, 특히 PT면접과 IB면접에서 큰 도움이 될 것이다.

나. 2022년 상반기 수출입은행 면접 기출인 재택 근무 주제는 생소하게 보일 수 있지만, 이 논제에 대해서는 필자가 이전부터 중요한 부분이라 강조했고, 필자의 책 『이것이 금융 논술이다 8.0 – 국내 이슈 편』에 해결 방안을 수록했다(『이것이 금융 논술이다 – 8.0 국내이슈 편』, Chapter 15. 주4일 근무제도와 재택 근무 참고).

수출입은행은 항상 조직 문화와 조직의 효율적 운영에 무엇보다 관심이 많았던 곳 중 하나이다. 그 이유는 아무래도 업무량이 많은 은행으로 인식되다 보니, 직원들의 복지 향상, 직원들의 성과 개선 등에 타 금융공기업보다 더 많은 관심과 집중을 하기 때문이다. 이는 지금까지 수출입은행의 면접 기출 질문들을 보면 여실히 드러난다. 조직 문화와 관련된 질문들이 많았기 때문이다.

다. 결론적으로 수출입은행 논술 준비는,

　① 다양성의 관점에서 접근할 수밖에 없다. 찍어서 공부하고, 중요한 것만 공부하고, 수출입이나 국제이슈만 공부하는 것은 위험한 방식이다. 많은 논제들을 다양한 시각으로 공부해야 한다. 다만, 그 출발점은 국제 이슈들부터 시작하면 좋다.

　② 굳이 순서를 정하라면,

　　<국제 이슈 - 금융기관 이슈 - 조직 문화 - 국내 경제 - 국내 사회> 순서로 준비하라고 권장한다. 이것을 다 공부해야 하느냐고 물어본다면 가급적 최대한 많이 공부하는 것이 좋다는 뜻이다. 결국 이 내용들이 1차와 2차 면접 때 또 나올 가능성이 높기 때문이다.

　③ 국제 금융이나 국제 이슈는 하나를 알아도 제대로 알아야 한다. 조금이라도 자신 없게 공부하면 논술뿐만이 아니라 면접에서 논리가 깨지기 십상이다. 특별히 세밀하게 공부할 것을 권한다.

chapter 11

신용보증기금
논술 준비

신용보증기금의 논술 전형은,

가. 논술형(서술형) 2개 중 택1

나. 약술형 2개

로 구성되었다.

신용보증기금의 논술 전형은 2018년부터 부활되었다. 원래는 전공과 상관없는 필기전형만 진행하다가, 이제는 선택한 전공 필기 시험에 더해 금융 논술과 약술이 추가된 것이다.

신용보증기금의 경우, 2018년부터 자소서에도 약식 논술을 요구하고 있으며, 이 전통은 8년째 이어져 오고 있다. 따라서 신용보증기금을 준비하는 많은 지원자들이 금융 논술 준비는 미리 시작했을 것이라 생각한다.

다만,

첫째, 신용보증기금 논술 준비를 미리 했지만 아직 방향성 설정이 쉽지 않는 지원자.

둘째, 신용보증기금 논술과 약술을 처음 준비하는 지원자.

같은 경우,

다음 신용보증기금 약술 및 논술 전형 기출들을 살펴보면, 몇 가지 학습의 방향성을 도출할 수 있다.

<2023년 하반기 신용보증기금 논술>
- 부실 채권과 연체율이 급증하고 있다는 기사 주고, 부실 기업을 다양하게 정의하고 부실 기업을 예측할 수 있는 여러 방안을 제시해보라.
- ESG 중 G는 잘 실현되지 못하고 있는데, 중소기업의 G에 대해 논하고 기업의 대리인 문제와 엮어서 논하라.

<2023년 상반기 신용보증기금 논술>
정책금융.

<2022년 하반기 신용보증기금 논술>
1. 디지털전환
2. IP금융

<2022년 상반기 신용보증기금 논술>
서술1) 연대보증제 찬성/반대 논리 + 폐지 전 후 변화 기술 + 코로나19 이후 경영 상황 악화로 인해 재도약을 위한 지원 방안.
서술2) CBDC 유용성 및 부작용 + 도입 여부 및 설계 방안.

<2022년 상반기 신용보증기금 약술 및 논술>
약술1) 재무비율 유용성 및 한계점.
약술2) 지분계약(주식) 도덕적 해이 설명 및 부채계약이 해결할 수 있는지? 그리고 부채계약에서 발생할 수 있는 도덕적 해이 설명.
서술1) 연대보증제 찬성/반대 논리 + 폐지 전 후 변화 기술 + 코로나19 이후 경영상황 악화와 재도약을 위한 지원 방안.
서술2) CBDC 유용성 및 부작용 + 도입 여부 및 설계 방안.

<2021년 하반기 신용보증기금 약술 및 논술>
[논술]
1. 리카르도 재정 정리 : 정부지출이 일정할 때 조세를 줄이는 것과 소비의 관계.
2. 녹색 금융 단점, 해결 방안.

[약술]
1. 역선택과 도덕적 해이. 금융기관 사례.
2. 효율적 시장 가설 약점, 강점, 사례.

<2021년 상반기 신용보증기금 논술>
- 사회적경제기업 특징, 순기능, 신보운영 방안.
- ESG채권 종류, 투자자 및 공급자의장단점, 활성화 방안.

<2020년 하반기 신용보증기금 약술 및 논술>
- 약술 : 크라우드펀딩, 프로슈머.
- 논술 : 양적완화에서 은행의 경영 전략.

<2019년 하반기 신용보증기금 논술>
1. 디플레이션.
2. 명절 고속도로 무료통행 관련 공기업 운영 적자 정상화 방안(택1).

<2019년 상반기 신용보증기금 논술>
- 소득주도 성장정책(낙수효과, 분수효과 접목해서 본인의 의견).
- 2018년 하반기 신용보증기금 논술.
- 양적완화와 테이퍼링.

가. 신용보증기금 논술의 출제 경향을 보면, 당시 가장 주목받던 논제가 어느 정도 잘 출제된 편이다. 다만, 중요성과 관련 시계성은 존재한다. 예를 들면, 소득주도성장정책은 2017년도에 가장 크게 논란이 되었으나 2019년 상반기에 출제되었고, 크라우드펀딩은 2013년부터 주요 이슈였지만 2020년에 출제되었다. 2023년 신용보증기금 논술 주제였던 ESG 중 G에 대한 질문이 주인 대리인 문제와 엮여서 출제되었는데,

ESG의 경우 이미 2019년부터 화제가 된 주제였지만, 정작 2023년 하반기에는 오히려 反 ESG가 주목 받기도 했다. 특히 신용보증기금의 2023년 논술 주제였던 ESG의 G와 관련된 논제는 2020년 SGI서울보증 논술 주제로 이미 ESG 중 G에 대한 논제도 출제되었다. 2022년 신용보증기금 논술 주제였던 디지털 전환이나 IP금융은 이미 역사가 10년이나 된 아주 오래된 논제였다. 2019년 신용보증기금 논술 주제였던 디플레이션의 경우, 당시 전 세계 경제는 2017년부터 디플레이션에서 탈출했다고 환호했던 시기였다. 장기 디플레이션 국가였던 일본마저 탈출했다고 선언했다.

따라서 신용보증기금 논술을 준비하는 지원자는 주요 논제들, 핵심 논제들부터 공부해 나가되, 과거 이슈가 된 주제들도 살펴볼 필요가 있다.

나. 정책적 방향성의 경우, 신보의 정책적 방향성도 묻지만, 은행의 정책적 방향성이나 정책금융 기관의 정책적 방향성을 묻기도 한다. 뿐만 아니다. 본인의 견해를 제시하라는 의견 제시형으로 출제된다. 따라서 신용보증기금 논술을 준비하는 지원자는 결론 도출 연습을 할 때, 단순히 신보의 정책적 방안만 고민하기 보다는 다각도로, 특히 은행의 정책적 방안까지 구상하는 것이 좋다.

다. 약술의 경우, 경제나 경영 관련 기본 이론들이 자주 출제되었다. 경제학이나 경영학의 기본 이론들은 챙기면 좋다.

라. 상술했듯이, 신용보증기금 논술형의 경우, 2개 중 택 1로 주어진다. 지원자들의 입장에서는 다행일 수도 있지만, 이 조건은 누구에게나 동일하다. 이런 경우, 전반적으로 논술 점수가 올라간다. 따라서 한 가지 논제를 공부를 해도 꼼꼼하고 정확하게 공부하는 습관을 길러야 할 것이다.

마. 최근 금융 논술을 준비하는 지원자들에게 마치 신용보증기금 논술도 본인의 높은 예상 적중률에 의거 잘 찍는 사람이라며 강의하는 선생님들이 늘어났다. 무당이 곡할 노릇이다. 11년째 금융 논술을 가르치는 필자도 예상 논제를 찍어서 학생들에게

일러주고 강의하는 것은 지양해왔다. 왜냐하면 역대 기출을 보면, '찍기 공부'의 위험함을 금세 알 수 있기 때문이다. 항상 겸손하게 기초부터 다지면서 공부를 하다 보면, 어떤 논제가 나와도 잘 쓸 수 있는 실력자가 될 수 있기 때문이다.

일찍이 철학자 스피노자는 "나는 깊게 파기 위해 넓게 파기 시작했다."라고 했다. 깊게 파기 위해서는 넓게 파기 위한 기초공사가 중요하다는 의미다. 금융 논술 준비에도 그대로 적용된다.

스피노자 한 분만 이런 말을 남긴 것이 아니다. "질적 개선은 양적 투입이 전제되어야 한다."라고 철학자 헤겔 또한 말했다.

금융 논술 전형도 헤겔의 말처럼 양적 투입(시간 투입)이 없이 질적 개선을 기대하기 어렵다. 세계적 철학자 헤겔의 생각과 스피노자의 명언을 역행하는 기적의 적중률에 의한 금융 논술 준비에 나는 동의하기 어렵다.

따라서 슈페리어뱅커스는 금융 논술 준비를 넓게 파기 위한 방법의 일환으로 11년 동안 <이것이 금융 논술이다> 시리즈를 3권으로 나눠서 출간해 왔고, 매년 70여 개의 논제를 다루고 강의해 왔다. 그리고 70여 개의 논제들에 대해서는 최대한 깊게 다루려고 노력했다. 이러한 넓고 깊은 금융 논술 학습의 효과는 금융 논술 전형에서 뿐만이 아니라, 신용보증기금 면접에서도 여러분들의 탁월한 통찰력의 발현으로 방증이 될 것이다.

더 늦기 전에 금융 논술 준비를 제대로 시작하길 바란다. 경쟁자들은 이미 기존 논제들에 대한 학습을 마치고, 최신 논제들을 공부하기 시작했다. 항상 급하게 대증요법으로만 금융 논술을 준비하고 대처하려는 습관은 이제 그만 바꿔야 하지 않겠는가?

chapter 12

SGI서울보증
논술 준비

1) SGI서울보증 논술 기출들을 분석해 보면,

   가. 직렬별로 관련 논제가 출제된다. 과거 SGI서울보증의 논술 기출들을 살펴보면, 경영/경제 직렬과 전산/통계 직렬 2가지 직렬로 분리되어 출제되었다.

   나. 서술형과 약술형으로 구성된다. 주로 서술형 1 항목과 약술형 2항목 (택1)으로 출제되었지만, 서술형을 택1로 하는 경우도 있었다.

   다. SGI서울보증의 경우, 공공적 성격과 상업적 성격이 모두 내재되어 있는 바, 그 출제 영역 및 방향성 제시에서의 요구 사항이 다양한 편이다.

<2023년 하반기 SGI서울보증 논술>
1번은 한국의 가계 부채 현황을 설명하는 지문 제시.
1-1) 가계 부채 증가의 원인을 설명하고 이것이 거시 경제에 미치는 영향을 서술하라. 그리고 이에 대한 금융기관의 대처 방안은?
1-2) 일본의 잃어버린 30년 진입 시 경제 상황과 우리나라의 현재 경제 상황을 비교해 공통점과 차이점을 서술하라.
2번 서울보증의 해외 영업진출 확대에 있어 신흥국과 선진국에서의 장단점을 각각 서술하고 이를 바탕으로 해외 진출 방안을 제시하라.
3번 서울보증이 할 수 있는 비금융생활 플랫폼을 제시하라.

<2023년 상반기 SGI서울보증 논술>
1.실리콘뱅크 파산 문제.
2. 디지털전환 장단점.
3. 금융 공공성의 필요성과 한계, SGI서울보증의 사회적 역할 사례.

<2022년 하반기 SGI서울보증 논술>
미국의 기준 금리 인상이 가계, 기업, 환율, 기업 경영 등에 미치는 영향을 종합적으로 분석하라.
[약술] 대안 평가 필요성과 개선 방안, 2008위기 때보다 증권 시장이 왜 더 하락하는지 설명.

<2022년 상반기 SGI서울보증 논술>
제시문) 그린 스완 등장, 녹색 금융 관련 이슈.
1-1. 녹색 금융을 ESG와 비교하여 설명.
1-2. 녹색 금융 활성화를 위한 정책, 민간, 시장 인프라 활성화 방안.
2. 공유 경제와 기존 산업의 갈등을 해결하기 위한 금융의 역할(약술형) 주고 택 1.

<2021년 SGI서울보증 논술>
[통계, IT직렬]
논술: 메타버스 플랫폼 성공 사례, 금융업계 메타버스 접목 방안.
약술: AI 오작동 사례, 가상화폐.

<2020년 SGI서울보증 논술>
[서술형1] 한국형 뉴딜 – SGI서울보증 기회 요인.

[서술형2] 한국형 재정 준칙 – 재정 한계에 도달할 경우,

           (a) 계속 확장적 재정 정책을 해야 할지,

           (b) 재정 건전성을 위해 긴축해야 할지.

[약술형] 포노사피엔스.

<2019년 SGI서울보증 논술>

- 포용적 금융의 사례를 3개 이내로 제기하고 이해 관계별 장단점 서술.
- 금융회사의 지속 가능한 포용적 금융의 방향에 대한 본인의 의견을 서술하시오.

<2018년 SGI서울보증 논술>

- 1997년 금융위기와 2008년 금융위기, 그리고 현재의 상황을 비교.

<2017년 SGI서울보증 논술>

[통계, IT직렬]

[서술형] 최근 ICT, AI 등의 등장으로 첨단 산업과 융합 산업이 발전하고 있으며, 금융 산업도 이를 이용해 변화를 도모하고 있다. 이와 같은 첨단 산업으로 인한 금융 산업(금융 소비자)의 문제점과, 금융 소비자의 후생 증진을 위한 방안에 대해 논하시오.

[약술형] 1. 홈페이지 서비스를 개편하는데 직접 개편하면 전환률은 70%가 되고 재시도 시 전환률은 100%이지만 손실액은 5억 원이고, a라는 솔루션을 도입하면 1억 5천만 원의 자금이 들지만 전환률은 100%이다. 당신이 IT부서의 책임자라면 위험요소와 우선 순위를 정하고 어떤 방식을 선택할 것인지 설명하라.

      2. active-x의 정의와 강점 2개 약점 2개 설명하시오. 최근 정부 정책으로 active-x를 폐지하고 있는데 이 대안으로 무엇이 좋고 그 이유는 무엇인가?

<2016년 SGI서울보증 논술>

- 중금리 대출

<2015년 SGI서울보증 논술>

1. 대기업의 지배 구조 문제
2. 공적 연기금 의결권 확대

<2014년 SGI서울보증 논술>

- 메신저 금융(Fin-Tech)

2) SGI서울보증의 논술 준비는,

가. [경제·경영 직렬]의 경우, 시대별 금융 및 정책적 금융의 특성에 대한 질문이 많았다. 그리고 거시 경제적인 변화에 대한 논제 및 기업의 지배 구조에 대한 부분도 출제되었다. [IT·통계 직렬]의 경우, 디지털 금융 섹터에서 주로 출제되는데, 당시 가장 뜨거운 이슈들이 출제되었다. 좁고 깊게 공부할 필요성이 있다.

3) SGI서울보증 논술의 학습 방향은,

가. 각종 정책의 변화, 금융정책의 변화, 거시 경제적 변화에 주안점을 두고 먼저 학습해 나갈 필요성이 있다. 그리고 결론 도출의 방향에 있어서는 금융의 방향, SGI서울보증의 방향을 위주로 결론의 키워드들을 정리해 나가면 좋을 것이다.

나. [IT·통계 직렬]의 경우, 최신 디지털 이슈들에 대한 공부부터 하길 바란다. 예를 들면, NFT, 프롭테크, 가상자산, chatGPT, 스테이블코인, CBDC, 디파이, 메타버스 등이 그것이며, 시스템적인 접근을 넓혀 나가길 바란다. Baas, Baap, 임베디드 금융, 플랫폼, 빅테크 등이 그러한 사례들이 될 것이다.

다. SGI서울보증의 경우, 논술 공부를 하면서도, 면접까지 염두에 두면 좋다. SGI서울보증의 면접은 실무진과 임원진 면접, 토론 면접까지 하루에 이루어진다. 면접을 위한 콘텐츠들을 미리 공부한다는 마음으로 학습을 꾸준히 하면 성과가 클 것이다.

라. SGI서울보증 입사 관련하여, 2024년 이후 SGI서울보증 논술 공부를 준비하려는 지원자들은 유념해야 할 점이 있다. SGI서울보증 논술 대비용으로만 논술 공부를 하는 것은 바람직하지 않다는 점이다. 왜냐하면, 최근 SGI서울보증 면접 질문들을 살펴보면, 학술적이면서도 경제, 금융적인 심도 있는 질문들도 꽤 많이 물어보기 때문이다.

일례로 SGI서울보증 면접 질문들을 살펴보면,

<**2022년 하반기 SGI서울보증 면접**>
- 왜 전통 금융기관들이 디지털전환을 하고 있다고 생각하는지.
- IT와 디지털의 차이점을 말해 보아라.
- 워라밸 얼마나 중요하게 생각하는지.
- 최근 읽은 책과 감명 깊었던 점, 좋아하는 고사성어 뜻과 좋아하는 이유.

<**2021년 하반기 SGI서울보증 면접**>
- 카카오뱅크가 4대 시중은행의 시가총액을 합친 거 보다 크다. 고평가, 적당, 저평가 의견 내서 설명하시오.
- 면접관이 먼저 빅테크와 금융기관, 기울어진 운동장 등의 이야기를 꺼내며, 결론적으로는 어떻게 될 것 같은지, 빅테크 장단점, 금융기관 장단점, 미래 의견에 대해 질문.
- IT직렬보다 경제직렬을 뽑아야 하는 이유.
- 여신과 같은 일반 금융기관 말고 우리 회사에 왜 지원했는지?
- 금리 상승과 부동산 시장을 설명하며, SGI서울보증이 어떻게 해야 되겠는지 질문.
- 현 물가 상승의 원인을 설명하고, 향후 추세에 대한 예측과 근거를 말해주세요.
- 재무와 비재무 요소 중 더 고려해야 할 것은?

즉, SGI서울보증 면접은 크게 2가지의 특징이 있다.

① 인문학적인 질문이 있다.

② 금융경제 전반에 대한 학술적 지식이 필요하다.

SGI서울보증을 준비하는 지원자들은 SGI서울보증 논술 공부를 시작할 때부터(논술 작성 방법도 중요하지만) 다양한 학술적인 사건들과 현상들을 체계적으로 광범위하게 공부해야 한다는 점이다. 즉, 논술 전형 뿐만이 아니라, 면접에서의 질문까지 감안하며 논술 공부를 해야 한다. 면접 전형에서 학술적인 질문에 대한 답변은 확실히 알고 답을 해야 한다. 왜냐하면 꼬리 질문이 들어올 가능성이 높기 때문이다. 이것저것 찔끔찔끔 논제들을 조각식으로 공부하는 것은 논술 전형 뿐만이 아니라 면접 전형에서도 불리해진다.

chapter 13

예탁결제원
논술 준비

1) 예탁결제원 논술 기출 문제들을 살펴보면,

가. 논술 출제 범위가 상당히 넓다.

나. 지문 제시(주로 기사 제시)형으로, 독해력도 중요하다.

다. 예탁결제원의 방향성 제시형보다는, 본인의 의견제시형 또는 제도적 방향성을 묻는
유형의 문제가 자주 출제되었다.

<2023년 상반기 예탁결제원 논술>
- 교권 회복(30점)
- 전공 논술(15점) : 공매도.

<2021년 하반기 예탁결제원 논술>
- 개인 투자자 수와 투자 규모가 증가한 원인과 문제점, 그리고 제도적 차원의 개선 방안.
- SPAC(기업인수목적회사)과 IPO를 통한 상장의 차이 및 유의 사항.

<2021년 상반기 예탁결제원 논술>
- 주 4일 근무

<2020년 예탁결제원 논술>
- 토지공개념 : 토지공개념의 개념, 우리나라 정책 도입 사례(박정희 대통령~현 정부) 1페이
  지 빡빡하게 주어짐.
1. 토지의 특성, 토지공개념 사회/경제적 등장 배경
2. 반대 의견
3. 부동산 시장 영향 및 한계
에 대하여 설명하라.

<2019년 예탁결제원 논술>
- 스튜어드십 코드

<2018년 예탁결제원 논술>
- 토지공개념 : 3가지 기사 제시.
- 토지 소유권의 3가지 정의.
- 19세기 미국 경제학자가 처음 주장함.
- 청와대에서 경제 부분 헌법을 발표한 후 논란이 있음.
- 토지공개념과 토지 국유화의 개념을 비교하고 토지공개념에 대한 찬성 혹은 반대의 입장
  을 택하시오.
- 토지공개념으로 인해 도입될 수 있는 제도를 소개하고 자신의 생각과 근거를 서술하라.

<2017년 예탁결제원 논술>
- 4차 산업혁명 기사 주어짐.
- 4차 산업혁명의 본질과 금융 조건, 위기.

<2016년 예탁결원 논술>
[전공논술] 환율 하락 긍정/부정 영향.

<2015년 예탁결제원 논술>
- 여성 차별 지문 제시 : 여초 현상이지만 왜 여성 차별이 존재하는지 원인을 밝히고, 예를 들
  어 해결책을 제시하라.

<2014년 예탁결제원 논술>
1. [법학 · IT] 개인 정보 보호.
2. [경영 직렬] 고령화 사회.

<2013년 예탁결제원 논술>
1. [경제 직렬] 사회 양극화(한국-부탄 행복지수).
2. [경영 직렬] 리커노믹스.

2) 예탁결제원 논술 기출 중, 특이한 점이 있다면 토지공개념이 2018년과 2020년에 두 번 출제되었다는 점이다. 과거 기출은 다시 나오지 않는다는 상식을 뒤집었다.

3) 예탁결제원 논술 준비는,

　가. 자본시장의 변화, 자본시장의 핵심 사항부터 우선 공부해야 할 것이다. 기출들로 자주 등장한다.

　나. 그리고 학습의 폭을 넓혀 나가는 것이 필요하다. 경제-사회-제도 순으로 넓혀 나가면 좋을 것으로 보인다.

　다. 논제의 폭을 넓혀 나가는 과정에서 체계성이 중요하다. 이것저것 손에 잡히는 대로 공부하지 말고, 카테고리와 목차작업부터 계획한 후, 하나씩 공부하는 것이 좋다.

chapter 14

한국거래소 논술 준비

1) 한국거래소 논술 준비는,

　가. 자본 시장으로 국한해서 공부하면 좋지 않다. 경제, 국제, 사회, 산업 등 전 분야가 골
　　　고루 출제되기 때문이다.

　나 출제 범위가 넓은 만큼, 많은 분야의 공부를 체계적으로 진행할 필요가 있다.

　다. 2개의 논제 중 택1형이다. 모두에게 유리한 방식이다. 이는 곧 어떤 논제를 공부한다
　　　고 해도 깊이 있는 공부가 필요함을 의미한다.

　다음 한국거래소 논술 기출 문제들부터 살펴보자.

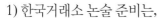

<2023년 한국거래소 논술>
둘 중 택1이었는데,
1. 가상자산 관련 출제.
2. 가상인간 관련 출제.

간략하게,
1. 가상자산에 대한 의견과 투자자들을 위한 대책.
2. 가상인간에 대한 찬반과 인식을 바꾸기 위한 창의적 방안.

<2022년 한국거래소 논술>
- 4차 산업혁명의 긍정적 영향, 부정적 영향, 앞으로의 방향성.

<2021년 한국거래소 논술>
1. 4차 산업혁명과 이로 인한 금융업 이슈, 마이데이터 산업과 금융권 대응 방안(규제 심하다는 지문 제시).
2. 여성 직원 고용률이 낮은 이유와 개선 방안.

<2020년 한국거래소 논술>
1. 국내 소상공인의 수가 많고 비중이 높은 이유를 설명하고, 약점과 극복 방안을 논하라.
    → 2020년 8월의 국내 소상공인 현황 자료 제시.
2. 미-중 무역 분쟁의 배경을 설명하고, 이에 대한 우리나라의 대응 방안을 논하라.
    → 2018년도 중국과 한국의 관련 인사 인터뷰 자료 제시.

<2019년 한국거래소 논술>
- 한국 수출 구조에 대한 분석과 대응책.
- 세계 전기차 시장에서 한국의 전기차 배터리의 위치를 진단하고 방향성을 제시(택1)

<2017년 한국거래소 논술>
- 독과점의 폐해.
- 무임승차 문제.

<2016년 한국거래소 논술>
- 저출산 관련 기사(2015년 12월). 저출산이 발생한 원인과, 대책에 대해 논하시오.
- 미국금리 인상, 한국 금리 동결이라 할 때, 우리나라에 미칠 영향에 대해 투자, 수출, 내수와 연관하여 서술하시오.

이것이 금융 취업 입문서이다

2) 한국거래소 논술은 지문 제시형이다. 지문 제시형은 독해력도 중요하다. 기사와 문장들을 빨리 읽고, 함의점을 도출해야 한다. 특히 지문을 읽을 때에는 숫자, 예외, 주석 등을 놓치면 안 된다.

3) 한국거래소 논술이라고 하면, 아무래도 자본시장 관련 이슈들부터 접근하는 것이 좋다. 하지만 자본시장 논제들이 예상보다 많이 출제되지 않았음을 알 수 있다.
   ① 경제 이슈 : 미국 금리 인상(2016년), 독과점 폐해(2020년), 무임승차(2020년)
   ② 국제 이슈 : 한국 수출구조 분석(2019년), 미-중 무역분쟁(2018년)
   ③ 사회 이슈 : 여성 고용률(2021년), 소상공인(2020년), 저출산(2016년)
   ④ 산업 이슈 : 전기차 배터리(2019년), 마이데이터 산업과 금융업(2021년), 4차 산업혁명(2022년), 가상자산, 가상인간(2023년).
   따라서 한국거래소 논술 준비는 시야를 넓혀야 한다. 국제 이슈, 거시 경제 이슈, 금융 이슈, 경제 이론 이슈, 국내 경제 현황 이슈, 사회 이슈, 산업 이슈 등을 다양하게 공부해 나가야 할 것이다.

4) 방향성(대응 방안) 제시 논제들이 대부분이다. 이는 결론의 방향을 대응 방안 식으로 공부해야 할 필요성이 있음을 의미한다. 일반적으로 논술은 대응 방안 제시형과 개인 견해 제시형이 있는데, 한국거래소는 대응 방안 제시형이 대부분이다. 본인만의 본론의 목차를 설정한 후, 주로 대응 방안을 3가지 형태(한국거래소, 금융기관, 정책당국)로 공부하는 습관을 들이면 좋을 것이다.

5) 최근 다른 금융 논술 책이나 자료들을 보면, 본론이나 결론에서 일률적인 목차를 제시하고 이를 따르라는 식의 글들을 보았는데 상당히 위험하다. 채점관의 입장에서 동일 목차

가 반복되는 답안지를 보면, 구성의 오류를 일으키게 할 가능성이 높기 때문이다. 본인만의 본론 목차를 미리 설정하라. 책에 있는 목차를 답습하는 방식은 위험하다. 그리고 한국거래소 지원자들에게는 대응 방안, 해결책 위주의 학습을 권한다.

이것이 금융 취업 입문서이다

chapter 15

농협은행 등
농협 계열사 논술 준비

1) 농협은행, 농협중앙회, 농협생명, 농협손보 등 논술은 금융(경제), 디지털 부문 등에서 택
  1을 해서 작성해야 한다. 택1논술 전형에서는, 전체적으로 지원자들 논술의 완성도가 높
  기 때문에, 퀄리티 있는 결론을 작성하는 것이 중요하다. 얕은 수준의 논술은 농협은행
  필기전형 통과를 담보하지 못한다. 깊게 공부하고, 제대로 작성해야 한다.

2) 예를 들면, 고금리 상황에서 농협은행, 농협중앙회, 농협생명 등의 결론적 방향성은 <리
  스크 관리>와 <영업 확대> 두 가지 방향 모두 제시되어야 한다.

  가. 농협은행, 농협중앙회, 농협생명의 리스크 관리
    - 신용 리스크 관리 : 고금리 상황에 따른 신용 리스크 관리가 필요하다. 구체적으
      로 취약 차주의 경우 대출 금리 인하도 고려할 수 있는 데, 이런 때는 단순히 선언
      적 금리 인하가 아니라 방법론적 금리 인하를 제시해야 한다. 즉 저비용 자금 조달

방식까지 제시해야 한다. 이를 위해서는 채권 발행 및 특수 채권에 대한 공부를 미리 해 두면 좋다.

- 시장 리스크 관리 : 고금리에 따른 시장 리스크는 자산 가격의 변화에 집중한 리스크 관리가 중요하다. 채권이나 부동산 가격의 변화에 따른 농협은행, 농협중앙회, 농협생명의 시장 리스크 관리 방식이 구체적으로 제시되어야 한다. 금리 인상이 각각의 자산에 미치는 영향과 농협은행의 대응 방안을 명쾌하게 제시하면 된다.

- 유동성 리스크 관리: 금리의 변화는 은행의 유동성에도 영향을 미친다. 특히 외화 유동성 리스크 관리가 중요하다. 물론, 한미 금리 역전에 따른 외화 유동성 리스크 관리의 필요성이 높아지지만, 현재 농협의 외화 LCR과 외환 NSFR을 확인해 놓으면 좋다.

- 평판 리스크 관리 : 평판 리스크는 놓치기 쉬운 리스크이다. 하지만 금융 논술에서의 활용도는 높다.

- 법률리스크 관리

이런 방식으로 농협은행, 농협중앙회, 농협생명 등 금융업의 리스크 관리는 꼭 깊게 숙지하고 정확한 방향성을 공부하는 것이 꼭 필요하다. 단순히 상생금융 강화라든지, 금리 인하와 같은 애매한 단어들로 농협은행, 농협중앙회, 농협생명 논술 답변의 수준을 낮추지 않길 바란다.

나. 농협은행, 농협중앙회, 농협생명의 영업 확대

미국의 SVB사태는 우리 금융기관들에게 많은 함의점을 제시하고 있다. 특히, 농협은행, 농협생명, 농협중앙회 지원자들의 경우, 이러한 금융 위기 상황에서도 미국의 핀테크 기업들은 적극적으로 영업 활로를 개척했다는 점을 주목해야 한다. 단순히 위기 대응이라는 한 가지 방향성에만 매몰되지 말고, 이를 영업 확장을 통한 금융시장 Share 확대의 기회로도 적극 활용해야 한다.

- 예를 들면, 거시 경제 지표인 금리 한가지만으로도 농협은행, 농협중앙회, 농협생명의 정책적 방안은 굉장히 복잡하다. 체계적인 금융 논술 준비가 필요한 이유다. 농협은행, 농협중앙회, 농협생명의 논술과 필기 준비는 어떤 자료로 어떻게 공부하느냐가 중요하다. 그저 그런 자료들과 지식들로 공부를 하게 되면, 그 정도 수준의 논술만 쓰게 되며, 나중에는 농협은행, 농협생명, 농협중앙회 면접에서도 답을 제대로 못하며 탈락될 가능성이 높아지는 것이다.

지금부터 농협은행 논술, 농협중앙회 논술, 농협생명 논술을 준비하는 지원자들을 위한 논술 트렌드를 살펴보자.

<2023년 농협은행 논술>
[논술] 미국과 한국의 금리 인상 원인 및 배경과 한국의 금리 전망.
[약술] 고향사랑기부제에 대하여 5줄 이내로 약술.

<2023년 농협손보 논술>
[약술] 농촌사랑기부제에 대하여 5줄 이내로 약술하시오.
[논술] 한·미 경제당국은 2022~2023년 기준 금리를 조정하였다.
　　　 뉴스 도표(한·미 최근 2년 기준 금리 변화)를 보고,
　　　 1) 기준 금리가 의미하는 바는 무엇인지 기술하시오.
　　　 2) 한·미가 2022~2023년 기준 금리를 올린 이유는 무엇인지, 영향은 무엇인지 기술하시오.
　　　 3) 향후 한국의 금리 변화가 어떻게 변화할 것 같은지 작성자의 의견을 기술하시오.

<2022년 농협은행 논술>
3고(고물가, 고금리, 고환율).

<2021년 농협은행 논술>

[약술] 경자유전의 의미와 경자유전을 강화할 수 있는 방안.

[논술 택1]

1. 우리나라 인플레이션 원인이랑 인플레이션이 금융권에 미치는 영향은 긍정적인가, 부정적인가에 대해 서술하시오.

2. 메타버스의 정의와 메타버스의 주요 기술인 증강 현실, 가상 현실, 혼합 현실의 정의와 메타버스가 금융권에 미치는 영향을 서술하시오.

<2020년 농협생명 논술>

[농촌/농업 약술] 농업의 6차 산업화의 개념과 농협의 대응 방안.

[논술]

1. 경제/금융 분야 : 코로나19사태로 인해 경제양극화가 지속적인 문제로 대두됨. 양극화가 발생하는 원인과 해결 방안.

2. IT 분야 : 빅데이터 구조.

<2019년 농협은행 논술, 농협중앙회 논술>

1. R의 공포가 2008년급 경제위기를 2020년에 가져올 것이라 예견하였다. 금리 인하 기조가 (금융 경제?)실물 경제에 영향 미치는 구조를 기술하시오.

2. 농협 목표(농가 소득 5천만 원) 제시, 농가 소득 성장을 이끌기 위해 농협은 여러 사업들을 진행한다. 이에 더불어 농협 사업이 지역 사회 발전과 농촌 가치 실현이라는 공익 창출을 위해 어떤 방향으로 이루어져야 할지 서술하시오.

3. 블록체인 기술 활용 영역 및 서비스.

<2018년 농협은행 논술>

종합금융회사.

3) 농협은행, 농협중앙회, 농협생명 논술 준비를 철저히 해야 하는 또 다른 이유는 추후 농협 면접까지 공부했던 지식을 활용해야 하기 때문이다. 요새 자칭 쪽집게식 논술 선생들이 많아졌다. 나는 쪽집게라는 것의 무의미함을 잘 안다. 계속 쪽집게일 수 없을 뿐만 아니라, 만에 하나 찍은 논술주제가 나와서 논술을 통과했다고 한들, 결국 면접이라는 관문을 통해 또다시 검증을 받아야 한다. 찍어서 공부하는 지원자의 행운이 지속적으로

이어지기는 어렵다. 따라서 최근 주요한 논제들을 전체적으로 공부하는 것이 중요하다.

4) 농협은행 논술, 농협중앙회 논술, 농협생명 논술 전형에서 논제를 예측하는 것은 쉽지만 어렵다. 예측의 영역은 변수이기 때문이다. 다만, 금융 논술 트렌드에 대한 분석은 필요하다. 트렌드의 범위를 넓게 설정하면 확률을 높일 수 있다.

최근 금융 논술 기출 특징은, 논제의 다극화 현상이 보인다는 점이다. 즉, 2020년~2021년 때와 같은 <코로나>라는 절대 논제가 없으며, 2022년 이후 중요한 이슈들은 대부분 섭렵하고 있어야 한다는 결론에 도달하게 된다. 이번 농협은행 논술, 농협중앙회 논술, 농협생명 논술 준비는 넓게, 그리고 체계적으로 준비해야 할 필요성이 더욱 커진 셈이다.

chapter 16

2023년 금융기관별
금융 논술 출제 분석

2023년 하반기 주요 금융공기업과 은행의 금융 논술 출제 문항은 다음과 같다.

1) 금융 논술 기출은 최신 이슈들이 자주 출제되지만, 늘 최신 이슈만 출제되는 것은 아니다. 2023년 금융기관 금융 논술 논제들만 보더라도, ESG나 초고령 사회, 가계 부채, 기준 금리 같은 논제가 또 나왔으며, 이 문제들은 상당히 오래된 논제들이다.

2) 많은 지원자들이 최신 이슈들만 챙기지만, 중요한 것은 기초 지식과 과거의 흐름들이다. 그래서 찍기 방식 금융 논술 준비는 좋은 방법이 아니라는 점을 강조하고 싶다. 전체를 알고 기초를 닦는 것이 중요하다. 그리고 그러한 학습을 위한 첫 걸음은 연역법적 논제 접근법이다.

3) 실제 슈페리어뱅커스의 금융 논술 총론반 수업을 수강한 지원자들의 경우, 여러 논제들

의 연계성과 결론 도출 방법 수업 덕분에 다양한 금융 논술 논제에 대한 대응력이 높아졌다고 평가한다. 실제 총론반에서 다루는 많은 내용들이 논제로 출제되는 경우가 많다. 또한 『이것이 금융 논술이다』 시리즈 3권을 모두 세밀히 공부하면 복합 논제나 응용 논제가 나와도 어렵지 않게 접근할 수 있게 된다.

4) 금융 논술 공부는 넓게 하고 원리와 연계점을 잘 도출해야 하는 이유를 다음 2023년 금융기관별 금융 논술 기출들을 보면서 확인해 보자. 특히, KDB산업은행 논제들 같은 경우, 단일 논제가 아니라 복합 논제이다. 찍어서 공부하는 것이 큰 의미가 없음을 알 수 있게 된다.

[2023년 금융기관별 금융 논술 기출 및 이것이 금융 논술이다 시리즈]

<**2023년 금감원 논술 택1**>

1. 탄소세 도입이 기업 에너지 사용에 미칠 영향과(대기업에 면죄부가 된다는)제시문을 바탕으로 기업의 비용 편익 판단에 의해 효과적 일 것. 탄소배출권이 거래의 대상으로 전락한다는 제시문을 기반으로 비판하라.
   ▶ 『이것이 금융 논술이다 8.0』 관련 논제 수록
      국제 거시 편 Chapter 11 글로벌 탄소 중립과 전환금융
      국제 거시 편 Chapter 17 탄소중립세
      금융기관 · 금융공기업 편 Chapter 29 기후 변화와 환경 규제
      국내 이슈 편 Chapter 14 신재생에너지

2. 우리나라가 초고령 사회에 진입한 상황에서, 보험요율은 낮고, 소득 대체율은 그에 비해 높다. 그러나 실질적인 체감이 높지 않으니, 소득 대체율을 더 높이는 개혁을 하자. 이에 관해 복수의 근거를 바탕으로 자신의 주장을 개진할 것.

<2023년 신용보증기금 논술 택 1>

부실 채권과 연체율이 급증하고 있다는 기사를 주고, 부실 기업을 다양하게 정의하고 부실 기업을 예측할 수 있는 여러 방안을 제시해 보라. ESG 중 G는 잘 실현되지 못하고 있는데, 중소기업의 G에 대해 논하고 기업의 대리인 문제와 엮어서 논하라.

▶ 『이것이 금융 논술이다 8.0』 관련 논제 수록

　금융기관 · 금융공기업 편 Chapter 19 ESG 경영과 금융의 역할

▶ 『이것이 금융 논술이다 7.0』 관련 논제 수록

　국제 거시 편 Chapter 13 글로벌 금융기관의 ESG 경영과 그린 워싱

<2023년 한국증권금융 논술>

SVB 사태 과정을 미국 채권 시장을 이용해서 설명. 예금 보호 한도 상향을 은행에서 위험을 감수하며 하려는지?

▶ 『이것이 금융 논술이다 8.0』 관련 논제 수록

　금융기관 · 금융공기업 편 Chapter 2 SVB 사태와 우리의 대응 방안

　금융기관 · 금융공기업 편 Chapter 9 디지털 런

　가계 부채 증가 환경이 거시 경제에 미치는 영향과 금융기업의 대응책. 한국과 일본의 잃어버린 30년 유사점과 차이점

▶ 『이것이 금융 논술이다 8.0』 관련 논제 수록

　국내 이슈 편 Chapter 8 가계 부채 종합 대책

<2023년 농협손보 논술>

한 · 미 경제당국은 2022~2023년 기준 금리를 조정하였다. 뉴스와 도표(한 · 미 최근 2년 기준 금리 변화)를 보고,

1) 기준 금리가 의미하는 바는 무엇인지 기술하시오.

2) 한 · 미가 2022~2023년 기준 금리를 올린 이유는 무엇인지, 영향은 무엇인지 기술하시오.

3) 향후 한국의 금리 변화가 어떻게 변화할 것 같은지 작성자의 의견을 기술하시오.

▶ 『이것이 금융 논술이다 8.0』 관련 논제 수록

　국제 거시 편 Chapter 1 2023 미국 경제

　국제 거시 편 Chapter 12 한 · 미 금리 역전

　국제 거시 편 Chapter 2 부채 위기

　국내 이슈 편 Chapter 2 한국경제의 하방 리스크

▶ 『이것이 금융 논술이다 7.0』 관련 논제 수록

　국제 거시 편 Chapter 1 인플레이션

<2023년 농협은행 5급 논술>

미국과 한국의 금리 인상 원인 및 배경과 한국의 금리 전망.

- ▶ 『이것이 금융 논술이다 8.0』 관련 논제 수록

  국제 거시 편 Chapter 1 2023 미국 경제

  국제 거시 편 Chapter 12 한미 금리 역전

  국제 거시 편 Chapter 2 부채위기

  국내이슈 편 Chapter 2 한국 경제의 하방 리스크
- ▶ 『이것이 금융 논술이다 7.0』 관련 논제 수록

  국제 거시 편 Chapter 1 인플레이션

<2023년 KDB산업은행 하반기 논술>

가)와 나)의 시사점과 다)의 관점에서 해결책을 제시하시오.

가) 지문의 내용 : 일과 가정의 양립을 위해 노동자들은 유연한 근로형태를 요구한다.

나) 지문의 내용 : 생산성의 저하로 기업은 재택 근무를 축소하고 있다.

다) 지문의 내용 : (이스라엘과 이집트의 시나이 반도 협정 내용) 갈등의 해결을 위해서는 표면적인 갈등 내용보다는 본래의 목적과 이해관계에 집중해야 한다.

- ▶ 『이것이 금융 논술이다 8.0』 관련 논제 수록

  국내이슈 편 Chapter 15 주4일 근무제와 재택 근무

  ※ 지문 다) 시나이 반도 사태는 금융 논술 총론반에서 그 의미를 명쾌히 설명한 바가 있다. 이스라엘 시나이 반도의 이집트 반환에 대한 의미는 '실리'의 중요성을 강조한 것이라 설명했는데, 이 부분이 그대로 나와서 수강생들에게 감사하다는 문자를 많이 받았다.

<2023년 SGI서울보증 논술>

1번은 한국의 가계 부채 현황을 설명하는 지문이었다.

1-1) 가계 부채 증가의 원인을 설명하고 이것이 거시 경제에 미치는 영향을 서술하라. 그리고 이에 대한 금융기관의 대처 방안은?

- ▶ 『이것이 금융 논술이다 8.0』 관련 논제 수록

  국내 이슈 편 Chapter 8 가계 부채 종합 대책

1-2) 일본의 잃어버린 30년 진입 시 경제 상황과 우리나라의 현재 경제 상황을 비교해 공통점과 차이점을 서술하라.

- ▶ 한-일 경제 비교는 『2014 이것이 금융 논술이다』에 수록되었다.

  10년이 지난 논제였다. 총론반에서는 일본 경제와 한국 경제를 꼭 비교한다. 공통점도 많지만 차이점도 많기 때문이다.

1-3) 서울보증이 할 수 있는 비금융 생활 플랫폼을 제시하라.

▶ 『이것이 금융 논술이다 8.0』 관련 논제 수록

금융기관 · 금융공기업 편 Chapter 11 생활금융 플랫폼

5) 금융 논술 준비를 좀 더 체계적으로 하고 싶은 지원자들은 『이것이 금융 논술이다』 시리
즈로 학습할 것을 권한다.

**이것이
금융 취업
입문서이다**

금융기관 면접 편

PART IV

solution
teaching
research
marketing
plan
ideas
plan
leadership
manager
strategy
success
education
vision
management
motivation

금융공기업
면접

1) 금융공기업 면접은 일반 대기업 또는 은행들의 면접과는 큰 차이가 있다. 일반적인 면접 준비 방법인 '예상 질문'을 뽑은 후, 바람직해 보이는 '답변들을 작성'하고, '연습'만 하는 것으로는 부족하다는 점이다. 특히, 면접 스터디를 통해 비슷한 경쟁자들끼리 모여서 합리적인 답안을 구상하고 연구하는 수준을 훨씬 뛰어넘어야 한다.

왜냐하면,

첫째, 금융공기업의 직무 또는 역량 면접의 경우 질문의 난이도가 높으며, 상당히 날카롭게 파고 들어오기 때문이다. 특히, 금융공기업의 실무 질문의 경우, 대충 이정도면 되겠지 수준으로 준비하면 안 된다. 금융공기업의 경우 타 금융기관 이직자들, 재수생, 삼수생들 비중이 상당히 높다. 예를 들면, 신용 분석 관련 질문의 경우, 기업 재무 평가에서 중요한 3대 재무 배율이 이자 보상 배율이나 부채 비율, 순이익 수준의 답밖에 떠오르지 않는다거나, 3대 비재무 지표가 경영자의 경영 능력이나 경영자의 동종 업계 근무 경력, 경영자 마인드와 같은 답들이 최선이라고 생각한다면, 고민이 없는 지원자로 비춰질 가능성이 높고, 합격 여부를 운에 맡기게 되는 꼴이 된다. 실제 금융기관에서 신용 분석을 해 본 경력자가 아니면 알 수 없는, 현실적이고 실질적인 신용 분석 기법과 핵심을 알아야 한다.

또한, 경제 금융 시사 이슈의 경우, 배경 지식부터 긍정적인 면/부정적인 면, 정책적 방향성까지 내 것으로 완전히 체화시켜 놓지 않으면, 실전 면접에서 엉뚱한 답변을 늘어놓거나 면접관의 꼬리 질문에서 당황하기 십상이다. 즉, 배경 지식에 더해 본인만의 확고한 소신이나 철학으로 정책적 제언까지 대비하고 있어야 한다.

둘째, 금융공기업의 인성 면접은 입체적이며 복합적인 질문이 많기 때문이다. 많은 금융 공기업 탈락자들이 실전 면접을 겪은 후, 왜 탈락했는지 모르는 경우가 많다.

그 이유는,

가. 기껏해야 동일한 면접에서 비슷한 조원들의 답변들만 접했을 가능성이 높기 때문이다.

나. 금융공기업 면접관들이 어떤 부분에 주안점을 두고 여러분들을 평가하고 있는지 모를 뿐만 아니라, 입체적인 질문들이 왜 입체적인지조차 모르고 있기 때문이다. 무엇을 놓쳤는지, 어떤 부분에서 문제가 있는지를 모른다. 면접관들과 지원자들의 평가 기준은 너무나 상이하기 때문이다.

셋째, 예상 질문들도 무작위 추출을 하고 있기 때문이다. 질문 체계에 대한 분류와 난이도에 따른 분류도 도식화해서 면접 준비를 해야 하는데, 그냥 이것저것 기출 질문들과 본인 질문들을 버무려서 준비하기 때문에, 실전에서는 준비한 만큼 기억하지도 못 하고, 준비한 만큼 답변도 제대로 못 한 채 면접장을 나오는 것이다.

2) 10년 이상 금융공기업 면접 코칭을 진행하면서 원래 뛰어난 학생들의 답변들은 감동적인 경우도 적잖이 있었다. 그리고 이런 지원자들은 대부분 원하는 곳에 입사를 했다. 반면, 필자와의 모의 면접 수업과 그 후 컨설팅을 해주면서 따끔하게 하위권이라고 지적하는 지원자들이 모의 면접 후 충격을 받아 면접 준비에 열과 성을 다해 매진하여 합격 소식을 들려줄 때는 정말 큰 보람을 느낀다. 하지만, 문제는 개선이 되지 않는 지원자들이다. 개선이 되지 않는 지원자들의 유형은 다음과 같다.

가. 실무 지식이나 금융 이슈, 경제 지식의 배경이 거의 없는 경우이다. 이런 유형의 지원자들은 오로지 전공 필기만 주력하다 보니 전공 필기 전후 전형에 대한 준비가 없기 때문에 면접에서 꿔다 논 보리자루이자 병풍의 역할만 하게 된다.

나. 금융의 본질에 대한 고민이나 왜 정책금융이 중요한지, 왜 정책금융기관 직원들은 오히려 혁신과 도전이 필요한지, 그 어떠한 논리도 세우지 못한다. 그리고 이런 지원자들은 부분들에 대해서는 다른 지원자들도 본인처럼 제대로 답변을 못할 것이라 믿어 버린다.

다. 본인에 대한 치열한 고민보다는, 남들이 하는 답변들만 끼워 맞추거나, 비금융권 출신들이 진행하는 면접 유튜브 영상만 기웃거리면서 그 곳에서 말하는 획일화되고 독창적이지 못한 답변들을 답습하는 경우이다. 금융공기업 면접에서 지원자별 답변의 편차는 예상보다 크다. 즉, 잘하는 지원자와 못하는 지원자들의 답변 수준 차이가 크다는 의미다. 그럼에도 이를 인정하지 않고 지속적으로 철새들처럼 유행하는 답변이 좋아 보이면 그대로 베끼고, 트렌디한 답변이 좋아 보이면 또 그대로 베끼면서 시류에만 쫓아가는 모습을 보인다. 스스로 답변을 주도하려는 노력이 없다. 스스로 체리피커라고 생각하겠지만, 필자가 볼 때는 탈락의 독배를 들고 있다고 생각한다.

라. "나는 특별한 경험이 없어요."라고 좌절하는 '스스로 포기형'이다. 스스로 경험이 없다고 믿기 때문에 경험이 안 떠오르는 것이다. 절박한 지원자는 무엇이든 한다. 무엇이든 떠올린다. 본인이 경험이 없다고 투덜대기 전에 스스로 절박한가에 대해 반문해보기 바란다.

3) 금융공기업에 합격한 지원자들은 단순히 운이 좋아서 합격했고, 본인은 운이 나빠서 탈락했다고 생각하면 발전이 없게 된다. 시작부터 잘 꿰어야 한다. 시작이 잘못되면 오랜 기간 절망의 늪에서 헤어나지 못하게 된다.

4) 내 방식만이 맞을 것이라는 아집과 독선을 버리고, 나를 완전히 비워보길 바란다. 아집과 편견, 자만을 비울 때 성공이라는 채움이 쌓이기 시작하는 법이다.

chapter 2

은행 면접

1) 착각은 금물이다.

많은 은행권 지원자들이 면접 답변을 준비하며 착각하는 부분은,

가. 면접은 정답과 오답이 있을 것이라는 점.

나. 모범적이고, 착하며, 전형적인 인재를 선호할 것이라는 점.

다. 말 잘하는 사람을 선호할 것이라는 점.

등이다.

결론부터 말하면 꼭 그렇지 않다는 것이다.

가. 은행 면접의 답변에는 다음 두 가지 경우를 제외하고는 대부분 정답과 오답이 따로

없다.

  – 상황 대처 질문에서는 규정이나 윤리 관련 몇 가지 질문에서 정답과 오답이 나뉜다.

   오답을 말하면 감점 처리된다.

- 금융 지식, 은행 매커니즘 등에 대한 답은 정답과 오답이 있다. 오답을 말하면 솔직하게 모른다고 말하는 것보다 더 나쁜 결과를 초래할 수 있다.

2) 은행 면접에서의 답변은 논리와 근거가 중요하다. 질문에 대하여 명쾌하게 내 생각을 말하는 것이며(정해진 모범적인 생각을 답하는 것이 아니라, 내 생각을 답해야 하는 것이다), 그 생각에 대한 확실한 근거를 말하는 것이 중요하다. 이도 저도 아닌 모호한 답은 안 하느니만 못하다. 탈락자들의 오해는 정답을 말하지 못해서 탈락했다고 생각하는 것에서 비롯된다. 정답을 말하지 못해서 탈락한 것이 아니라, 소신이나 철학이 없거나 그 소신과 철학을 받쳐줄 근거가 부족해서 탈락하는 것이다.

3) '은행은 모범적인 지원자를 선호할 것이다'라는 말은 맞지만 틀리다. 당연히 은행은 모범적인 직원을 선호한다. 그런 면에서는 맞다. 문제는 모든 지원자의 모범적인 답변이 똑같다는 점이다. 실제 면접관으로 참여하면, 지원자들의 답변은 모방과 복제가 난무한다. 여러분이 생각하는 모범적인 답은 옆 지원자도, 앞 조, 뒷 조 지원자들도 똑같이 답변하고 있다고 생각하면 이해하기 쉽다. 따라서 일반적인 모범 답변들(소통력, 책임감, 도전정신 등)은 좋은 답변이 될 수가 없다.

4) 은행들은 21세기에 들어 혁신의 과제를 안고 고군분투하고 있다. 이제 은행은 창의적이고 혁신적인 도전을 할 수밖에 없다. 누구나 말하는 모범적인 답이 아니라, 참신하고 독창적인, 그리고 혁신적인 답변을 고민하자.

5) 나를 말하자. 나의 생각, 고민, 철학, 특기, 차별성을 어필하자. 은행이 좋아할 만한 말들만 골라서 답변하는 것은 옆 지원자와 똑같은 말을 하고 있는 것으로 전혀 차별화 되지

못 한다.

6) 은행은 말 잘하는 사람을 선호하기보다는, 전달력과 호소력이 있는 사람을 선호한다. 단순히 말을 많이 한다고, 빨리 한다고, 아는 것이 많다고 뽑는 것은 아니다. 이런 유형은 오히려 고객에게 신뢰를 줄 수 없다. 조리 있고 간결하게 답하는 사람, 호소력 있게 답하는 사람이 은행 영업 행원으로 더 적합하기 때문이다.

7) 체계적인 준비가 중요하다. 최근 은행의 1차 면접은 지원자들을 몰아치는 경향도 있다. 여러 가지 면접 전형을 보면서 지원자들의 진실한 모습을 최대한 끌어낸다. 그러다 보니 은행의 1차 면접 전형을 보고 나면 진이 빠진다. 정신없이 대답할 수밖에 없다. 이것저것 마구잡이식으로 준비한 지원자는 체계적으로 준비한 지원자에 비해 막상 면접에서는 준비한 답변도 기억이 나지 않고, 무의식적으로 모범적인 답변만 늘어놓기 십상이다. 탈락의 큰 이유이다. 따라서 면접 준비는 체계성이 필요하다. 준비부터 잘 정리정돈해서 채워 나가면 실전에서 흔들림이 적다. 변수도 줄어든다. 다음 순서대로 면접을 준비하면서 '나'로부터 시작해 넓혀 나가는 것이 좋다.

가. 나에 대한 준비(순수한 나 → 하나은행과 관련된 나).

나. 은행에 대한 준비(기사만 보는 것으로 끝내면 안 된다. 타행과의 비교점을 찾아야 한다).

다. 은행 산업에 대한 준비(최근 은행의 공공성과 수익성 관련하여 남다른 준비를 해야 한다. 디지털전환도 마찬가지다).

라. 거시 경제, 사회적 이슈에 대한 준비(인플레이션과 금리 인상 등 대외 이슈들도 챙기길 바란다).

마. 상황 대처 준비(크게 4가지로 구분하여 준비해야 한다. 규정/영업 상황/조직 문화/가치관).

순으로 체계성을 가지고 준비하길 바란다.

이것이 금융 취업 입문서이다

8) 은행 지원자들 답변의 문제점은 획일성과 단순함이다. 이러한 획일성과 단순함이 나타나는 이유는 크게 두 가지다.

가. 고민이 없다.

나. 확실히 알지 못한다.

9) 은행 면접 사례들에 대해 좀 더 알아보자.

금융은 무엇인가?

→ 단순히 자금 중개 업무를 하는 것이 금융인가? 면접관은 이런 사전적 의미를 물어본 것인가? 면접관이 이를 몰라서? 본인의 평소 금융에 대한 소신이 필요하다.

금융의 공공성은 무엇인가?

→ 특히 농협은행이나 기업은행처럼 공적 성격이 강한 은행의 경우, 자발적으로 말하는 다수 지원자들의 입에 발린 말이 금융의 공공성이다. 그러면 금융의 공공성은 무엇인가? 단순히 착한 금융, 약자를 돕는 금융이 금융의 공공성인가? 금융 공공성의 본질에 대한 고민이 없다.

은행의 이익과 고객의 이익이 상충하는 상황이면 어떻게 할 것인가?

→ 정답과 오답이 없는 질문이다. 다만 대부분이 획일적으로 고객의 이익을 말한다. 단골 고객 이야기부터 장기적 거래도 말한다. 틀린 말은 아니다. 하지만 수준이 얕다. 은행은 정확한 곳이다. 은행이 역마진 거래를 하는 곳으로 알고 있는가? 현실을 모르고 착한 이야기만 하는 형국이다. 오답은 아니지만 이유에 대한 수준이 낮다.

개인 고객이 은행에 가장 바라는 것은 무엇인가?

→ 안정성과 친절함을 바라는 것 같은가? 교과서 같은 답변이다.

디지털 디바이스에 대한 의견은?

→ 매번 고령화 고객과 금융소외계층을 위해 지도와 교육을 할 것인가? 대상 선정에서
　생기는 시각의 오류에 더해 방법적 접근에 대한 고민도 없다.

고금리 상황이면 왜 은행은 수익이 늘어나는가?

→ 단순히 대출 금리가 올라가서 은행 수익이 늘어나는가? 예금 금리는 올리지 않는가?
　이에 대한 답은 2가지이다. 예대 만기 불일치와 핵심 예금이 존재하기 때문이다. 기준
　금리가 -0.5%인 일본 은행들은 무조건 손실이 나는 것인가? 이에 대한 답은 수익 구
　조적으로 접근을 해야 한다.

가계부채 증가는 왜 위험한가?

→ 양적인 증가는 결국 취약 계층의 원리금 상환 능력 저하를 가져오고, 이 때문에 가계
　부채 증가를 우려하는 것인가? 가계부채에 대한 고민도 없고, 가계부채 증가의 긍정
　적 면과 부정적 면에 대한 공부도 안 했다.

　　한국경제의 큰 리스크가 가계부채이다. 하지만 마치 GDP 대비 가계신용 비중이 한
　국이 1위인 것 같지만 실제 1위는 스위스이다. 우리는 3위 수준이다. 그러면 스위스가
　우리보다 가계부채 리스크가 더 큰 국가인가? 그렇지는 않다. 우리가 훨씬 위험한 것
　으로 본다. 그러면 그 이유는 무엇인가? 그리고 가계부채 리스크는 금리 인상에서 유
　발한다고 하는데, 금리가 인상되면 무조건 가계부채 리스크가 증가하는가?

기업 금융에서 기업을 심사할 때 핵심은 무엇인가?

→ 사람이 중심인가? 사람이 중심인 것은 개인 금융이다. 개인 금융과 기업 금융 구분도 못하는가? 기업 금융은 상당 부분 법인을 대상으로 한다. 왜 기업을 법인이라 하는가? 인격을 부여한 이유는 무엇인가?

　기업 금융에서의 핵심은 재무 분석이다. 기업 심사에서 재무 분석의 비중이 80~90%를 차지한다. 재무제표는 기업의 얼굴이다. 경영자나 자금부 담당자는 은행원을 속일 수 있지만, 재무제표는 재무 분석을 전문으로 하는 은행원을 속일 수는 없다.

그렇다면 중소기업이나 개인 사업자 재무 분석 때 중요하게 보는 지표는 무엇인가?

→ 정답, 오답은 없지만 획일화와 안일함이 보이는 답을 많이 한다.

　부채 비율, 자본 비율, 이자 보상 배율 등을 말한다. 상기 비율이 중요하지 않은 것은 아니지만, 중소기업 재무나 개인 사업자 재무에 대한 통찰력이 너무 부족하다. 중소기업은 재무 융통성이 너무 좋아서 부채 비율이 과다하게 높은 경우가 많을 것 같은가? 이자 보상 배율은 한계 기업 평가 때 주로 보는 지표인데, 정상 기업을 심사하는데 이자 보상 배율이 그리 중요할 것 같은가?

최근 비재무 지표의 중요성이 증가했다고 해서 자소서에도 많이 등장하는데, 그러면 비재무 지표 중 무엇을 중요하게 보는가?

→ 대표자의 경영 능력, 노사 화합 등 이런 것들이 주요한 비재무 항목인가? 20~30대 은행원의 40~60대 경영자에 대한 경영 능력 평가가 제대로 이루어질 것 같은가? 열 길 물속은 알아도 한 길 사람 속은 모른다. 필자도 10년 이상 기업신용 분석을 수행했지만, 경영자를 평가할 때 지나고 나서 보면 실패한 경우가 수두룩하다. 돈이 사람을 야반도주하게 만들지, 인품이 사람을 야반도주하게 만드는 것은 아니다. 사람을 보는 것

이 비재무 항목의 핵심은 아니다.

보유 중인 디지털 역량이 무엇인가?

→ 아직도 SAS, R 같은 통계 프로그램이나 말하거나, 더 나아가 본인만이 정의한 주관적 (황당한) 디지털에 대한 정의를 내린 후, 그 정의에 끼워 맞춘 경험이 디지털 역량인가?

10) 은행 면접에서 획일적으로 답변하거나 단순하게 답변해도 합격하는 지원자들도 있다. 하지만 그 친구들은 그 친구들의 운의 결과이다. 나는 그렇게 운이 좋았던 사람인가? 반문해보기 바란다. 깊게 고민하고 정확히 알아야 은행 면접에서 합격할 가능성이 높아진다. 예상 질문을 뽑아서 앵무새 같은 답변을 준비하는 것이 합격의 지름길은 아니다.

chapter 3

한국은행
면접 준비

1) 2023년 한국은행 종합기획직 G5 1차 면접 때부터 에세이 면접은 없어졌다. 따라서 금번 2023년 한국은행 G5 1차 실무 면접도 토론 면접과 심층 면접으로만 구성되었다.

2) 한국은행 1차 실무 면접에서 토론 면접은 45~50분 정도 진행되며, 사회자는 별도로 정하지 않는다. 다만, 토론이 끝난 후에 10분 정도 면접관들이 공통 또는 개별 질문들을 하니 준비하여야 한다.

3) 한국은행 1차 실무 면접에서 심층 면접은 25~30분 정도 4:1로 진행된다. 심층 면접의 경우 2가지의 방향성을 설정한 후, 준비하면 좋다.

　가. 본인 질문 : 자기 소개서 관련 질문에 더해, 본인에 대한 다양한 질문이 이루어진다. 따라서 자기 소개서부터 시작해서 본인의 생각, 신념, 신변잡기, 경험 등에 대해 체계적으로 준비해야 한다.

나. 경제 · 시사 질문 : 에세이 면접이 사라진 만큼, 경제, 금융, 시사에 대한 질문들이 늘어났으므로, 최신 이슈들까지 놓치지 않고 준비하기 바란다.

4) 한국은행 면접에서는 유념해야 할 사항들이 몇 가지 있다.

　가. 말을 길게 하지 말아야 한다. 아무리 달변가라 하더라도 말은 많이 하면 할수록 실수할 가능성이 높고, 괜히 안 해도 될 말들을 해서 꼬리 잡히는 경우가 많다. 특히, 최악의 경우는 동문서답을 길게 답하는 경우이다.

　나. 진솔할 필요가 있다. 특히 이직 사유나 장 · 단점 등은 진솔해야 한다. 본인 스스로를 설득시키지 못하는 답변은 면접관도 설득시키지 못한다. 이직 사유의 경우, 두루뭉술하게 답변하는 경우가 많은데, 오히려 좋지 않은 영향을 끼칠 가능성이 높다.

　다. 압박 면접에도 의연해야 한다. 한국은행 면접은 전체적으로 압박 강도가 높은 편이다. 예를 들면, 2021년 한국은행 면접에서는 모든 지원자들에게 마지막 공통 질문들로 단점을 말하라고 했고, 장점 같은 단점이나 너무 꼼꼼하다와 같은 뻔한 답을 했던 지원자들의 경우 꼬리질문과 압박이 상당히 심했다.

　　- 압박을 받지 않게 답을 하는 것이 가장 중요하다. 논리 부재나 거짓이 압박의 이유가 된다.

　　- 압박을 받더라도 의연히 대처하며, 변명이나 말끝을 흐리며 답을 하는 것은 가장 좋지 않은 모습이다.

　라. 의외의 질문이나 예상 질문이라도 질문이 똑같이 나오는 경우는 많지 않다. 즉, 스크립트 방식이나 외워서 면접을 준비하는 것은 이러한 의외의 질문이나 예상 질문이라도 질문이 조금이라도 다른 경우, 임기 응변으로 대응하기 어려워 면접을 망친다. 스크립트 준비 방식은 피하는 것이 좋다.

　마. 다음은 2023년 한국은행 합격자의 면접 후기다.

<2023년 한국은행 면접 후기>

☐ 면접 전형 순서 : 1차 면접(토론 면접) - 1차 면접(심층 면접) - 2차 면접(집행 간부 면접)

☐ 1차 면접(토론 면접)

토론 인원은 직렬별로 다르지만 대체로 5~6인으로 구성됩니다. 같은 직렬별로, 수험 번호 순서대로 토론 조가 구성되므로, 토론 면접 단계에 한해서는 다른 스터디와 최대한 많이 토론을 해보면서 지원자들의 얼굴과 스타일을 파악하는 것이 좋습니다.

대기 장소에서 10분간 제시문을 읽고 입장을 정리하는 시간을 가진 후에 면접관이 있는 면접장으로 이동합니다. 토론은 총 45~50분 진행되며, 사회자를 정하지 않고 돌아가면서 진행과 쟁점 정리를 맡아주시면 됩니다. 발언은 최대한 골고루, 분위기는 협조적으로 이끌어가면서 합의점을 모색해 나가면 됩니다. 자신의 의견을 논리적으로 전개하면서도, 상대방의 의견을 경청하고 공감하는 모습을 보여주는 것이 가장 중요한 것 같습니다. 면접관은 총 4명으로 토론 중간에 개입하지는 않지만, 토론이 끝난 후에 면접자들에게 질의 응답(공통 질문/개별 질문)을 10~15분간 합니다.

☐ 1차 면접(심층 면접)

심층 면접은 다대일(4:1) 방식으로 25~30분간 진행됩니다. 면접관은 한국은행 실무진 2명과 외부 면접관 2명으로 구성되며, 질문은 골고루 하시는 편입니다. 2023년도 채용부터는 에세이 작성이 사라졌기 때문에 자기 소개서 기반의 인성 질문과 경제 시사 · 이슈 관련 질문이 주로 이루어집니다. 저는 경제 시사 · 이슈 관련해서는 자기 소개서 5번 항목(가장 관심 있는 경제 이슈와 한국은행의 역할)에 관해서 한국은행이 구체적으로 어떤 정책 수단을 활용할 수 있을지에 관한 질문을 받았습니다.

이외에는 모두 자기 소개서 기반의 인성 질문을 받았으며, 궁금한 사항들에 대해 구체적인 답변을 요구하거나 제시된 것 외에 다른 경험이나 사례를 제시해달라는 질문을 주로 받았습니다. 특히 자신이 제시한 핵심 가치관에 관해서는 다각도로 질문이 들어오기 때문에 이에 대비하는 것이 중요합니다.

개인적으로 심층 면접에서는 1) 자기 소개서 내용, 2) 면접자에게서 실제로 보이는 이미지, 3) 면접자의 답변 내용이 모두 일관성을 가지면서도 진실성을 보여주는 것이 가장 중요하다고 생각합니다. 따라서 별거 아니더라도 제가 어떤 사람인지를 잘 보여주는 소재와 경험들을 살려서 최대한 솔직하게 답변하고 있다는 느낌을 주기 위해 노력했고(김정환 선생님께서 이 부분에서 정말 많은 도움을 주셨습니다), 공적이고 학술적인 이야기보다는 사적이고 일상적인 이야기를 했을 때 설득력도 있고 면접관들의 반응도 훨씬 좋았던 것 같습니다.

KDB산업은행
면접 준비

KDB산업은행 면접은 까다롭기로 정평이 나있다. 예전의 까다로움은 압박 면접으로 대변되었지만, 현재 KDB산업은행 면접의 까다로움은 질문의 난이도와 꼬리질문에 있다고 할 수 있다. 따라서 KDB산업은행 면접을 준비하는 지원자들은 무엇이든 확실히 알고 있어야 한다. 면접관의 반박 질문에 나만의 논리로 설득할 정도의 자신감이 있어야 한다. 모르는 것은 명쾌하게 모른다고 시인하는 편이 낫다. 대충 아는 것은 정확히 아는 것이 아니기 때문이다.

1) KDB산업은행 1차 면접은 직무 지식과 KDB산업은행에 대한 이해도가 무엇보다 중요하다. 단순히 예상 질문과 답변을 준비하는 일반 은행들의 면접 준비와는 차별화해야 한다. KDB산업은행의 재무 분석은 반드시 하는 것이 좋으며, 타 은행 대비 어떤 차이점이 있는지 명확히 파악해야 한다. 또한 KDB산업은행 BIS자기자본 부진의 이유, KDB산업은행 연도별/반기별 재무제표의 큰 편차와 그 이유, KDB산업은행 금융의 현안과 방

향에 대해서도 충분히 고민해야 한다.

2) 역대 KDB산업은행 1차 면접 기출 및 슈페리어뱅커스가 생각하는 바른 답변 방향을 소
   개한다.

자기 소개를 잘 준비한다. 소개팅이라고 생각하고 자기 소개를 해봐라.

→ 자기 소개라고 하면 역량으로만 구상하는 경우가 많다. 하지만 나는 이미 이러한 역
   량 방식의 자기 소개는 좋은 방법이 아니라고 강의했다. 대부분 소통력, 책임감, 분석
   력 등을 말할 것이기 때문이다. 따라서 역량보다는 성향 또는 본인이 어떤 사람인지
   순수한 측면을 부각하는 편이 좋다.

비재무 요소에서 가장 중요하다고 생각하는 요소는?

→ 대부분 경영자의 경영 능력, 의지, 경력 등을 말하는데, 필자가 생각할 때에는 오답에
   가깝다고 본다. 비재무 요소라고 하더라도 평가의 객관화와 계량화가 중요하기 때문
   이다. 평가자에 따라 다르게 볼만한 경영자의 능력 같은 것들은 비재무 요소로 구성
   되긴 하지만, 그리 중요한 비재무 요소는 아니다. 좀 더 객관화와 계량화가 가능한 비
   재무 요소들을 고민해보길 바란다. 슈페리어뱅커스의 금공 취업반에서는 이런 재무,
   비재무 분석에 대한 강의도 진행한다.

제일 같이 일하기 싫은 유형의 사람은? 어떻게 대처할 것인가?

→ 최근 금융공기업 면접에서 최고 빈출 질문이다. 상황 대처 면접 질문의 유형이다. 이
   런 질문에 대한 정답과 오답은 없다. 다만 누가 더 진지하고 참신한 답변을 하느냐가
   평가 잣대가 된다. 1차원적인 답변은 90%의 지원자가 답하는 뻔한 대답이 될 가능성
   이 높다. 한 번 더 고민하고 꼬아서 생각한 답변을 하는 것이 좋다.

중요시 여기는 가치도 성실성이고 학업 성취도 높은걸 보니 열심히 사신 것 같다. 공부 말고 열심히 한 활동은 무엇이 있는가?

→ 본인만의 덕질은 과감히 소개하는 것이 좋다. 어떤 분야에서도 깊게 빠지는 사람은 KDB산업은행에 입행 후에도 KDB산업은행 업무의 무언가에 깊게 빠져서 해낼 가능성이 높기 때문이다. 인사 관리에서 대비 효과를 배웠을 것으로 안다. 사람들은 자신이 가지지 않은 것을 가지고 있는 사람을 선호하는 경향이 높다. 그리고 그 대상은 자유롭게 접근하길 바란다. 제발 KDB산업은행에서 좋아할 만한 고민 상담, 운동 같은 것들은 피하길 바란다.

스터디 많이 하셨는데, 무임 승차자에 대해서 어떻게 대하셨는지?

→ 무임 승차 문제 같은 경우, 이론이나 학설을 접목한 답이 좋다. 예를 들면, 게임 이론 등이 활용하기 좋다.

본인의 단점을 한 가지 정도 뽑는다면?

→ 단점은 진실성과 일관성이 중요하다. 어쭙잖은 단점은 항상 진실성과 일관성에서 문제가 발생한다. KDB산업은행 면접 탈락의 주된 이유이기도 하다.

※ 다음은 KDB산업은행 면접 후기들 중에서 KDB산업은행 면접 소감을 정리한 내용이다.

- KDB산업은행 입사를 위해 한 노력과 로열티를 많이 보는 느낌이었습니다. 인턴에게는 왜 해당 기업이 아닌 KDB산업은행을 지원했는지 인턴경험이 없는 사람에게는 어떠한 노력을 실행해왔는지 많이 물어봤습니다.

- 입사 지원서에 기재한 KDB산업은행에서 하고 싶은 업무에 대한 질문은 공통적으로 한 것 같습니다.

- 압박 스타일이 전혀 아니었습니다. 경력 없는 어느 지원자에게는 추가적인 금융역량 이나 디지털 역량을 계속 물어보면서 파고드는 느낌이었습니다. 안타까웠습니다. 자 소서 외적으로 더 준비할 필요가 있어보였습니다. 오히려 경력 있는 사람은 인성 질문 하고, 경력 없는 사람은 금융 지식이나 역량을 구체적으로 어떻게 쌓았는지 검증하는 느낌이었습니다.

3) KDB산업은행 PT면접은 꼬리 질문이 상당히 어렵다. 준비를 많이 해야 한다.

가. 다음은 KDB산업은행 면접 후기들 중에서 KDB산업은행 PT면접 소감을 정리한 것 이다.

- PT를 하면서 느낀 것은 면접관들이 나를 시험한다는 느낌보다는 내가 가진 생각과 논리를 듣고 싶어 한다는 느낌을 받았다. 그만큼 공감을 많이 해주었으며, 특히 반 대되는 상황 속에서 어떻게 대처할 지에 대해 관심이 많았다. 산업은행에 대한 전 문적인 지식을 요구하는 것은 결코 아니며, 다만 알고 있는 것은 정확하게 알고 나 만의 사고를 구축하는 것이 가장 중요하다고 생각한다.

- PT 총평 : 질문들이 실시간으로 정말 매섭게 들어온다. 꼬리질문도 쉴 틈 없이 들어 온다. 8분이란 시간이 순식간에 지나간다. 토할 것 같은 기분이었다. 적은 내용 하 나하나 다 확인 차 물어보면서, 꼬리질문이 압박으로 다가온다. 작성하면서 예상 답변 미리 생각하는 것이 중요하다. 평상시 이미지 트레이닝을 많이 하고 어릴 때 백분토론을 보면서 말 잘하는 패널들을 따라해봤던 게 나름 스피치 하는 데 도움이 된 거 같다. 그리고 압박질문 대응 방법은 신문 스크랩 많이 해두고, 뉴스 자주 봐두 는 게 주요했다. 나만의 일관된 논리로 차분하게 대응하면 큰 감점은 없을 것이다.

나. 다음은 년도별로 KDB산업은행 PT면접 기출와 소감 등을 정리한 것이다.

<2023년 상반기 KDB산업은행 PT면접>

1. PT면접은 25분간 갤럭시탭으로 준비할 시간을 주고, 5분 발표, 8분 질의 응답을 진행하는 구조로 진행했습니다. 꼬리질문이 굉장히 난이도가 높았으며, 어려운 질문에 어떻게 대답을 하는지 태도를 보는 게 아닌가 생각이 들었습니다. 따라서 모든 주제에 답을 하려는 완벽주의를 버리고, 충분히 생각하시고 답변을 하는 전략을 선택하는 것이 좋아 보입니다. 그리고 한 주제에서 물어보는 것이 많다 보니, 해당 질문을 목차화하여 발표를 진행하는 것을 추천 드립니다.
   - 주제 : 깡통 전세의 문제가 심각하다. 깡통 전세가 발생하게 된 이유를 말하고, 이러한 상황에서 '전세 시장이 계속 유지될 것인가, 없어질 것인가'에 대한 본인의 의견을 말하고 이유를 말하라. 그리고 깡통 전세 방지를 위한 방안을 정부와 금융기관으로 나누어 설명하라.
2. 20분 동안 주어진 짧은 제시문을 보고 주어진 갤럭시 탭에 발표 내용을 작성합니다. 주제는 다양합니다. 갤럭시 노트에 그냥 펜으로 작성하는 것이고, 작성 후 5분 동안 발표합니다. 이후 앞에 계신 3명의 면접관분들과 질의 응답을 진행합니다. 10분 정도 진행한 것 같습니다.
   - 주제 : 인터넷 전문 은행의 불안정 예금 비중이 시중은행보다 높은 원인에 대해 분석하고, 이로 인해 은행권에 발생하는 리스크 및 인터넷전문은행의 마케팅 방안에 대해 발표하시오.

<2022년 하반기 KDB산업은행 PT면접>

- 주제
1. 패스트 팔로워와 퍼스트 무버 중 혁신을 위해 어떠한 전략을 선택해야 하는가?
2. 역머니 무브(경영)
3. 가계 금융 자산 특징 및 우리나라 적정 변동 방향(경영)
4. 경제 안보 시대, 지원이 필요한 (1)전략 산업을 선정하고, (2)KDB산업은행의 지원 방향에 대해 말해보아라(경제).

<2021년 하반기 KDB산업은행 PT면접>

- 주제1 : 사회적 금융 관련해서 재무적 가치 외의 사회적 가치를 측정할 수 있는 요소를 나열하고, 금융기관의 금융 및 비금융 지원 방안.
- 주제2 : 빅테크의 금융업 진출에 대한 규제 필요성과 규제 방향.

<2021년 상반기 KDB산업은행 PT면접>
- 주제1 : ESG 평가에서 발생할 수 있는 문제점과 관련한 그린워싱 사례 발표.
- 주제2 : 탄소 중립과 관련하여 철강 산업의 문제와 대응 방법.
- 주제3 : 인공 지능의 부작용과 해결 방안에 대한 문제.

<2020년 하반기 KDB산업은행 PT면접>
롱테일 법칙과 사례를 말해보아라.

다. 다음은 2023년 KDB산업은행 합격자 후기를 소개한다.

<2023년 KDB산업은행 합격 수기>
안녕하십니까. 2023년 KDB산업은행에 최종 합격한 ○○○입니다. 다른 사람의 합격 수기를 보면서 부러워한 세월이 3년은 된 것 같은데, 제가 이렇게 합격 수기를 쓰고 있으니 감회가 새롭습니다. 저의 노력과 더불어, 주변의 응원이 있었기에 긴 시간을 버틸 수 있었습니다. 그리고 '김정환 선생님'이라는 훌륭한 멘토가 있었기에, 올바른 방향으로 갈 수 있었습니다. 감사합니다. 아래에서는 각 전형에 제가 선생님께 어떠한 도움을 받았는지 자세히 적어보겠습니다.

1. 논술 수업
금융공기업 관련 기업에서 약 10번 넘게 면접에서 떨어지면서 자신감을 잃었는데, '논술 실력'이라는 강점이 저를 지탱해주었고, 결국에는 좋은 결실로 이어질 수 있었습니다. 김정환 선생님의 논술을 2번 들으면서, 주제에 대한 지식의 확장과 더불어, 어떠한 주제에도 저만의 글을 작성할 수 있었던 점이 좋았습니다. 만약 여유가 되신다면, 논술 수업은 꼭 들으시는 것을 추천하고, 이미 들으신 분도 가물가물하시다면 듣는 것을 추천합니다. 예탁결제원, KDB산업은행, 금융연수원, 신용보증기금 등 논술 관련 기업에서는 모두 높은 성적을 받을 수 있었고, 예탁결제원 논술 점수가 당시 50점 만점에 40점이 넘는 것을 보며, 선생님의 방향성이 맞다고 확신했습니다.

특히 논술 수업은 PT면접에서도 구조화 할 때 매우 유용하기에, A매치 준비생 이 외에도 B매치 준비생, 은행 준비생도 들으시는 걸 강력 추천합니다. 그리고 비싼 가격이라는 의견이 준비생들 사이에 종종 있는데, 만약 충실히 수업을 들으셨다면 절대 그런 소리를 하지 못할 것입니다. 그리고 저는 논술 수업을 들은 학생들과 스터디를 만들어서 함께 PT면접과 논술 작성 스터디를 진행했는데, 그 부분에서도 감각을 기를 수 있어 좋았습니다.

2. 면접 수업

금융공기업을 준비하면서 "슈페리어뱅커스 면접 수업은 도움이 안 된다."는 말을 종종 들었습니다. 선생님께 죄송하지만, 저 역시 한 때 취준생으로 그런 의심을 했었습니다. 그러나 수업을 듣고 난 뒤, 제 생각이 틀렸음을 깨달았고, 또 왜 준비생들이 그런 말을 하는지도 이해했습니다. 결론적으로, 선생님은 고기를 잡아주기보다는, 잡는 방법을 알려주시는 사람입니다. 그러다보니, 어떠한 준비도 하지 않은 학생에게는 도움이 전혀 되지 않았을 것입니다. 반면에, KDB산업은행 등 금융공기업의 방향성에 대해 깊게 고민해 본 사람에게는, 현실적이면서 고차원적인 답변 방향을 많이 설명해주십니다. 그러한 측면에서 저는 정말 도움이 많이 되었습니다. 그리고 만약 지적 호기심이 있으신 분이고, 해당 기관에 대해 많은 고민을 했지만 답답한 부분이 있으시다면, 슈페리어뱅커스 면접 수업을 정말 강력히 추천하는 바 입니다. 특히 답변에 대한 논리나 타당성을 굉장히 깊게 물어보시기 때문에, 해당 사항에 대해 잘 준비해서 선생님을 설득하신다면 실제 면접에서는 면접관으로부터 좋은 평가를 받으실 것이라고 확신합니다. 저 역시 KDB산업은행 면접에서 그랬습니다.

3. 여신 프로세스 및 신용보증기금 업무 수업

논술, 면접 수업만큼이나 정말 좋았던 수업이었습니다. 특히 여신 프로세스 수업은 여신에 대한 프로세스와 직원으로서의 역량에 대해 자세히 설명해주는 수업으로, 우리나라의 유일한 강의라고 생각합니다. 수업 대비 강의료가 정말 저렴하다고 생각합니다. 선생님께 들은 여신 프로세스를 통해 KDB산업은행의 지원 동기의 방향성을 잡을 수 있었고, 면접에서 면접관들이 굉장히 관심 있어 하고 차별화되었습니다. KDB산업은행 수업뿐만 아니라, 신용보증기금 업무 수업에서도 기금의 업무 프로세스와 사업 방향성에 대해 구체적으로 설명해주셔서 많은 도움이 되었습니다. 논술 수업을 듣고 여신 프로세스 및 신용보증기금 업무 수업을 들으시는 걸 강력 추천 드리지만, 만약 시간이 없다면 여신 프로세스 및 신용보증기금 업무 수업이라도 꼭 듣기를 추천 드리겠습니다.

이것이 금융 취업 입문서이다

4. 기타 사항

작년에 KDB산업은행 1차 면접에서 떨어졌습니다. 당시에는 면접 강의비가 비싸다고 생각하여 김정환 선생님의 강의를 듣지 않았습니다. 그러나 올해는 1%의 확률이라도 높일 수 있다면 투자하자 생각했고, 필기 합격하자마자 1차 면접 강의를, 1차 면접 합격하자마자 최종 면접 강의를 신청했습니다.

선생님의 도움과 더불어, 이러한 절박함이 KDB산업은행 합격으로 이어졌다고 생각합니다.

수출입은행 면접 준비

1) 수출입은행의 면접 준비 관련 일반 인성 면접이나 PT 면접 등은 한국은행 또는 산업은행 면접 준비 방식을 준용하면 된다. 하지만 수출입은행의 경우, 수출입은행만이 수년간 진행해 온 인바스켓 면접이 있다. 이는 실무 3~4가지에 대해 40여 분 정도 수행한 후 발표하는 방식으로 이어진다. 실제 인바스켓 면접은 어려운 면접으로 정평이 나있다. 업무 상의 맞고 틀리고를 떠나 논리성이 무엇보다 중요하다. 어려운 질문에 당황하지 말고 애초 나의 생각과 근거를 잘 설명하자.

2) 다음 수출입은행 인바스켓 면접 기출 문제를 살펴보자.

<**2022년 수출입은행 인바스켓 면접**>
(1) 타당성 조사 전문가별 주어진 표에 따른 점수 산정, 해당 점수 기반 1명의 전문가 선정 후 선정 대상자에게 메일 보내기.

(2) 컨소시움 관련 업체별 실적 평가 및 추가 고려 사항 설정.

(3) 측정장비의 교체(토탈스테이션 → 드론)에 따른 조건들 비교 분석, 분석 결과에 따른 택1.

[과제1] 수출 자금 신청을 하는데, 화장품 회사 수출 실적 자료 줌. 똑같은 상품으로 대출상품을 바꾸고 싶어하는 상황(대환 대출).

[과제2] 토이 회사, 영화 수출 회사 6개월, 1, 2, 3년 금리가 다 다른데, 금리랑 수출 실적에 따른 대출한도액 안내.

[과제3] 엔터테인먼트사 시장이 너무 좋은 상황, 기업은 수출에 의존(45%), 그런데 이 회사 소속 그룹 가수가 학폭을 해서 광고계 퇴출 위약금을 물게 되었다는 기사. 이런 정보들을 종합해서 손익 계산서, 현금 흐름표, 재무 상태표를 고려하여 대출 리스크 제시.

<2021년 수출입은행 인바스켓 면접>

(1) 본인은 중소중견지원부 신입 사원, 과제 세 가지 주어짐. 40분간 읽고 답안지에 풀이.

(2) 1페이지에 회사 조직도와 답안 작성 예시 주어짐. 업무 수행 순서 중요한 듯(①XX에게 XX 확인, ②XX에게 메일 작성 등).

[과제1] 대출 연체된 업체에 납부 요청하기.

[과제2] 대출 조기 상환을 원하는 업체에게 중도 상환 가능 여부 알려주기.

[과제3] 수출 성장 자금 대출 대상 회사 선정.

<2020년 수출입은행 인바스켓 면접>

(1) 스케줄표 주어지고 세미나 준비 인력 리스트 작성 및 이메일 작성.

(2) 보고서를 통한 기업의 영업 현황 분석 및 신용 등급 유지 혹은 조정 여부 결정.

(3) 코로나19 금융 지원 프로그램에 대한 개선 방향 제시.

<2019년 수출입은행 인바스켓 면접>

※ 가장 난해. 3개의 task가 주어졌는데, 2개만 하고 사실상 3번째는 제대로 자료도 못 읽고 들어감. 그래서 면접관에게 많이 까임(포인트를 잘못 잡고 대답하자 계속 제대로 대답할 기회를 드린다는 말까지 들음).

(1) 본인 팀에서 정부 세미나 참석 인원 2명 선정하기.

(2) 여신 신청한 기업에서 빨리 좀 진행해 달라고 연락 옴. 어떻게 대처?

(3) 기억이 잘 안 남. 중소기업 지원 방향 같은 거였음.

[과제1] 내 실수로 고객 기업에 대출 신청 필요 서류 두 가지 누락해서 알림. 담당자에게 사실 확인 및 처리 요구.

[과제2] '전대 금융/해외 온랜딩 활성화 방안 아이디어' 제시해달라는 다른 부서 직원의 메일. 11/15(목) 까지 제출해주면 의견 반영해준다고 함.

[과제3] 팀장이 출장을 가 있어서 수출 성장 자금 대상 기업 두 곳 중 한 곳 선정해서 간략하게 11/15(목) 오전까지 보고해 달라고 함.

[과제1] 팀장님이 입찰 설명회의 일정과 사업 내용을 간단하게 요약해서 보내 달라고 한다. 입찰설명회의 일정과 사업 내용을 간단히 정리해라.

[과제2] 미얀마에 새로운 전력 공급망을 공급하려고 한다. 1)전력망 연장, 2)소규모 그리드, 3)신재생에너지 발전 이렇게 3개의 사업 중에 어떠한 방법을 사용할 것인가?

[과제3] 마지막 단계인 에콰도르 f/s 사업 보고서에 현황 조사 부분과 사업 계획 및 진행 방향 부분을 작성해라.

<2018년 수출입은행 인바스켓 면접>

(1) <다른 부서 팀장님 이메일> 망분리로 인해 인터넷에 들어갈 수 없어서 업무가 불편한 상황임. 그래서 이를 해결해 줄 수 있는지에 대해 물어봄. 오른쪽에는 망분리 관련 규정사항이 적혀 있음.

(2) <팀장님이 휴가 가시기 전 보낸 이메일> 협력 업체(HS System)가 보고서를 작성하는데, 팀장님이 이를 마음에 안 들어 하며 다시 작성해서 휴가 복귀 날에 보고서를 올리라는 이메일 내용.

(3) <사내 인프라 오류> 우리 팀 팀장님께 구두로 보고해야 하는 상황 / 총 2가지 오류였는데 하나는 그룹웨어 오류, 다른 하나는 사내 시스템 오류.

[과제1] 여신심사 결과에 대한 기업의 통보- 주어진 자료는 여신심사 기준, 심사 신청 기업에 대한 간략한 내용.

[과제2] 자금 회수 결정되었으나, 이에 대해 불복하고 수출입은행장과 중소중견기업 본부장에게 공문, 이에 대한 대응 방안.

[과제3] 지원 기업이 오늘까지 자금 상환하기로 했는데 기업 자금 문제로 인해 상환되지 않음 – 자금부 대리와 갈등 발생 – 이를 팀장님께 갈등 상황을 보고하고 대응 방안.

[과제4] 조선 법정 관리 보도 자료 작성(수출입은행 전체를 방어하는 내용으로 작성).

이것이 금융 취업 입문서이다

3) 다음은 수출입은행 합격자 면접 후기들을 모아봤다.

1. 수출입은행을 준비하는 지원자들에게
바이든, 트럼프는 나이 70대 때, 오바마는 40대 때에 대통령에 당선되었다. 인생에서 꽃이 피는 시기는 각각 다르다. 이 글을 쓰는 이유는, 끝까지 포기하지 않고 계속 도전하는 친구들을 위해 썼다. 포기하지 않으면 언젠가는 문이 열린다. 끝까지 버티세요. 응원합니다.

2. 원하는 인재상
금융공기업 중 영어를 많이 쓰는 곳 중 한 군데이다. 직렬을 떠나 영어성적이 좋거나, 외국대학 혹은 외국 대학원 학위가 있다면 도전하기를 추천한다.

최종 합격을 위해서는 면접, 필기시험, 영어시험 성적 모두 중요하다. 면접은 사실 크게 문제되지 않는다면 합격하는 거 같고, 제일 중요한 게 필기시험 성적과, 그 기업이 원하는 스펙을 갖고 있느냐 라고 생각한다. 그럼에도 가장 중요한 건 당신의 운이다. 운칠기삼.

3. 면접 2차 후기(시간의 흐름상 역순으로 기재함)
본인은 스터디와 학원을 병행했다. 스터디를 조직하여 강도 있게 준비했다. 슈페리어뱅커스 학원에서는 전문적인 도움들을 받았다. 2가지 모두 추천한다.

일반적인 인성 질문들 10여 개(대부분 자소서)만 묻고 끝났고, 난이도는 평이했다. 전형적인 4:4 임원진 면접으로 25분 정도 진행했다.

4. 면접 1차 후기
다른 후기에도 나와 있듯이 IB(직무면접), PT면접, 인성 면접, 팀면접 총 4가지로 진행한다. IB가 가장 중요하다. 최종 합격까지의 실질 반영이 많이 되었다. 실제로 준비 시간과 발표 시간이 제일 길었다. 수출입은행에서도 가장 공들여 준비하는 면접이다. 4:1 면접으로 진행된다. IB는 실제로 그 직렬에 입사 후 벌어질 만한 일들을 문제로 만들어서 질문한다. 빠르게 읽고 빠르게 답을 구조화해서 발표하는 게 중요하다.

PT면접은 전형적인 PT면접으로 난이도는 평이했고, 4:1 면접으로 진행된다.

인성 면접은 자소서를 기반으로 질문하며, 4:1 면접으로 진행된다.

팀과제는 2명이 진행하는데, 둘이서 하는 PT면접이라고 생각하면 된다. 2:2 면접으로 진행된다. 난이도도 평이한 수준이고, 슈페리어뱅커스에서 연습하고 준비하는 예상 질문과 선생님 수업에서 거의 다 나왔다.

chapter 6

금융감독원 면접 준비

1) 2023년 금융감독원 1차 면접은 토론 면접과 개별 면접으로 구성되었다.

  가. 토론 면접은 사전에 책상 위에 마련된 자료를 10분간 읽고 난 후, 지원자들끼리 토론을 진행하고, 마지막에 A4용지에 토론 결과를 정리하여 제출하는 방식이다. 막상 면접에 가보니 정해진 룰은 전혀 없었기 때문에, 회사에서 회의하듯이 편하게 하면 될 것이다.

  나. 개별 면접은 다대일 방식인데, 1분 자기 소개 후 자소서 내용을 위주로 물어보았다. 개별 면접은 면접 부스마다 다른데, 어떤 지원자는 최고의 압박 면접이었다고 하고, 어떤 면접자는 무난한 면접이었다고도 한다. 준비는 압박 면접을 상정하고 준비하면 좋을 것이다.

  다. 다음은 2023년 금융감독원 합격자 면접 후기를 모아 놓은 것이다.

<금융감독원 1차 면접>

저는 금요일 오전에 면접 봤고, 금감원에 모여서 출발합니다. 조는 정해져 있고 총 6명이었어요. 그 토의 면접 조가 그 날 하루 모든 일정에서 순서가 동일한데, 저희 조는 토의면접-인성검사-개별 면접 순이었습니다.

토의면접 주제는 불완전 판매에 대한 여러 자료 주시고(들어보니 다 금감원 자료라서 스터디에서 한 번씩 봤던 자료라고 하셨던 분도 계셨어요), 불완전 판매의 문제점, 원인과/소비자, 금융기관의 입장에서 각각의 개선책(이었나, 해결 방안이었나)을 논의하라고 했습니다. 무난한 주제이기도 하지만 시의성이 있는 주제는 아니라고 생각해서 스터디에서 준비한 적은 없었고 좀 당황했어요.

전날(목요일) 면접 보신 분들은 주제가 뭔지는 모르지만 스터디에서 다뤘던 주제가 나왔다고 하셨기 때문에 그냥 운인 것 같습니다. 잘 모르는 내용이더라도 제시문에 꽤 많은 자료가 나오고, 토의 면접을 준비하셨다면 금감원에 대한 공부를 자연스럽게 하게 되시니 알고 있는 것을 잘 갖다 붙이시면 무리 없이 튀지 않고 녹아들 수 있는 것 같습니다. 제가 느끼기에도 저희 조에서 아주 신박하고 특이한 논의를 하신 분은 없었어요. 다들 그냥 한번쯤은 생각해볼 수 있는 이야기를 하시니 너무 긴장하지 않으셔도 될 것 같습니다.

개별 면접은 정말 예상치도 못한 압박 면접이었습니다. 전 금감원엔 압박 면접이 없다고 알고 들어가서 준비도 예상도 못한 상태였는데 앉자마자 자기 소개하고 압박질문을 하셨어요. 제 기본적인 사항들을 조금 말씀드리자면 아직 학부생이라 첫 면접이었고, 인턴 학회 경험도 없습니다. 자격증 공부 안 했습니다. 이게 자소서에서 아마 그대로 보였을 건데, 그래서 학교 외부의 조직활동 경험 없는 점을 많이 질문하셨어요.

질문들은 다음과 같았습니다.

1. 입사하면 보통 3~4명이 팀을 이뤄 일을 한다. 동기가 멋진 일을 하고 싶어 비교적 하찮은 일을 지원자에게 떠넘긴다면 어떻게 대처할 것인가?

2. (미사여구 붙여서 결국 도와주지 않는다고 답변하자) 그럼 자기에게 주어진 일만 하겠다는 건가요?

3. 거절해도 몇 번이고 부탁하는 상황이라면 어떡해요?

이런 식으로 짧게 적었지만 면접이 아니고 무슨 대화하듯이 제 말을 자르기도 하시며 계속해서 추가적으로 질문하셨습니다. 여기까지가 금감원 분들의 질문이었던 것 같고 이후에는 외부 면접관이신 듯했습니다.

4. 인생에서 목표를 설정해서 애썼던 경험이 있나요? 학업적인 거 제외하고요.

5. 학교 외부에서 봉사 활동한 경험이 있나요?

6. 여기 입사 준비하면서 진짜 나 이만큼 노력했다 하는 거 어필해보세요.

7. 면접 스터디 했어요? 얼마나 자주 만났어요? 배운 게 있다면 뭐예요?

8. 스트레스 어떻게 풀어요?

9. 나중에 면접 끝나고 뒤에 분들이 이야기하기를 마지막에 하고 싶은 말에서 스스로 어필을 했더니 면접관이 "그건 지원자 자랑이잖아요" 라고 핀잔주셨다고 하셨습니다.

chapter 7

신용보증기금
면접 준비

1) 지원자들은 공적이고 학술적인 이야기를 면접에서 하고 싶어 한다. 하지만 면접관들은 사적이고 개인적인 이야기를 듣고 싶어 한다. 지원자들은 모범적이고 착한 이야기를 면접에서 하고 싶어 한다. 하지만 면접관들은 우리들의 논리적이고 현실적인 이야기를 듣고 싶어 한다. 신용보증기금 인성 역량 면접 준비를 위해 다음 사항을 확인해보고 나의 답이 경쟁자의 답변과 얼마나 유사한지 확인해보기 바란다.

첫째는 참신함이다. 참신함이란, 첫째, 어휘의 참신함, 둘째, 소재의 참신함, 셋째, 생각의 참신함 3가지를 의미한다. 스스로를 표현하는 데 있어,

가. '소통력, 책임감, 꼼꼼함, 성실함'이라는 4가지 단어 중에 1가지라도 있으면 이는 다른 지원자들과 대답이 일치한다고 생각하면 된다.

나. '봉사활동, 고민 상담, 운동, 산책' 등의 소재를 이야기한다면 지원자들의 50% 이상이 선택하고 있는 소재로 여기면 된다.

다. '공공의 이익, 타자공헌, 선한 영향력, 회복 탄력성'을 말한다면 이는 다른 지원자들과 유사한 어휘를 말하고 있다고 생각하면 된다.

둘째는 소신이나 생각의 깊이다.

가. 지금 바로 떠오르는 추천 도서가 있는가?

나. 지금 바로 떠오르는 좌우명이 있는가?

다. 지금 바로 떠오르는 정책금융의 정의가 있는가?

라. 지금 바로 떠오르는 공공성의 정의가 있는가?

마. 신용보증기금의 SWOT가 떠오르는가?

셋째는 독창성이다.

가. 본인이 평소 즐기거나 특출나게 잘 하는 것이 있는가? '자전거타기, 런닝, 배드민턴, 맛집 탐방'이 떠오른다면 타 지원자의 답변과 50% 이상 일치하게 된다.

나. 본인을 비유하고 싶은 단어가 떠오르는가? '윤활유, 스펀지, 양파, 오뚝이'가 떠오르면 타 지원자들과의 답변이 상당 부분 일치하는 답을 한다.

2) 다음으로 신용보증기금 실무 면접 확인사항을 알아보자.

첫째, 신용평가이다. 신용평가는 재무항목과 비재무 항목으로 나뉘게 되고 합산 결과 기업의 등급이 결정된다. 재무항목에서 주요 항목으로, '이자 보상 배율, 부채 비율, 영업이익'이 떠오른다면 중소기업 신용평가의 핵심을 놓치고 있는 것이다.

비재무 항목에서 주요 항목으로, '경영자의 경영 능력, 노사 화합, 거래기업평판'이 떠오른다면 비재무 항목에 대한 현실적인 고민이 없는 것이다.

이것이 금융 취업 입문서이다

둘째, 보증실무이다. 연장불가 고객에 대한 응대요령을 확인하기를 바란다. 최근 매출채권보험이 중요한데, 기업 입장에서 매출채권의 의미를 되새기기 바란다. 한계 기업 보증 상환 방법에 대한 현실적인 고민을 하기 바란다. 또한, 특례보증제도를 확인하고, 보증과 보험의 차이를 이해하며, 연대보증제도를 공부하기 바란다. 그리고 신용보증기금의 운용배수를 확인하는 것이 좋다.

셋째, 사후 관리이다. 구상권 행사 프로세스와 담보물 처분에 대해 확인하라. 또한, 물권과 채권의 담보권 행사 방식을 알 길 바라며, 경매와 공매의 차이는 무엇인지, 부실 보증에 대한 채권회수 방식과 상각업무를 이해하길 바란다.

3) 최근 신용보증기금 면접기출과 후기들은 범람하고 있지만, 많은 분들이 제시하는 답변의 방향성은 천편일률적이라 안타깝게 생각해 왔다.

　　가. 인성 면접은 마치 누가 더 모범생이며, 신보에 대한 충성심이 가득한지 경쟁하는 것 같다. 모두 신용보증기금 찬양일색이다. 특히, 신용보증기금 직무면접 관련해서는 금융기관에서 여신실무나 중소기업 신용 분석, 여신 사후 관리 경험이 없으신 분들이 제시하는 답변의 방향은 일반인이 생각하는 상식 수준에서 머물고 있고, 이를 직무면접에서 정답으로 오인하는 지원자들도 많다.

　　나. 연도별 신용보증기금 면접 기출질문들을 보면, 확실히 매번 더 어려워지고 있다. 신용보증기금 면접 준비를 더 철저히 해야 하는 이유다. 단순히 요령이나 유창함이 중요한 것이 아니라 소신과 생각, 그리고 지식이 핵심으로 바뀌고 있다.

4) 신용보증기금 면접 기출들을 바탕으로 바람직한 답변의 방향성을 제시한다. 최소한 이런 방식으로는 고민할 필요가 있다. 다음은 신용보증기금 면접 기출 사례와 답변 방안

을 정리한 것이다.

신용보증기금이 오프라인 영업점을 늘리려고 하는 상황인데, 무슨 근거로 팀장을 설득할 것인가?

→ 대부분 고객의 접근성 증진이나 편익 측면, 또는 포용금융을 근거로 답변을 할 가능성이 높다. 이 근거가 틀린 것은 아니다. 문제는 대부분 지원자들이 신용보증기금 면접에서 이 논리를 펼칠 것이라는 점이다. 자, 이제 현실을 고민해보자. 디지털금융시대는 맞다. 하지만 디지털금융은 신용보증기금 입장에서는 비용의 증가를 의미한다. 즉, 프로그램이나 인프라 구축에 따른 인적, 금전적 비용은 상당한 데 반해, 수익 확장에는 한계가 있고 오히려 수익 감소가 되는 경우도 많다. 결국 수익비용 balance 유지를 위해서는 인건비를 줄이는 인원감축을 선택할 수밖에 없다. 그렇다고 이런 현실을 신용보증기금 면접에서 말할 수 없지 않은가?

필자가 답을 한다면, 신용보증기금도 디지털금융 확대와 관련, 결국 고부가가치 수익은 영업점에서 내야 한다는 점을 강조할 것이다. 아이러니하지만 디지털금융이 강화될수록 아날로그 금융의 고부가가치화가 중요한 방향성이 될 수밖에 없다는 점이다. 즉, 신용보증기금이 수행하는 전문보증의 영역이나 시설자금보증, P–CBO, PEF, PDF 등의 금융은 디지털 금융으로 진행하기 어렵다. 따라서 이러한 전문분야에 대한 금융은 점점 증가할 것이기에 아날로그인 대면접점이 꼭 필요하고, 미래에는 이러한 전문금융분야에서 신용보증기금의 수익을 더 확대해 나가야 한다.

기업은행과 산업은행도 중소기업을 지원해주는데, 신용보증기금이 지원을 추가적으로 해줘야 하는 이유가 무엇인가?

→ 은행들의 기업여신은 재무제표가 우량하거나 담보가 확보되어야 여신이 승인되는 경

향이 크다. 문제는 재무제표가 우량하지 않거나 담보가 없는 중소기업들은 금융의 사각지대에 놓이게 된다는 점이다. 따라서 신용보증기금법에 의거 담보력이 미약한 기업에 대한 지원은 신용보증기금만의 사업영역이다. 은행들보다 신용보증기금은 운용배수가 2배 이상이다. 이는 신용보증기금법의 목적이 은행보다 더 넓게 여신업무를 수행하라는 것을 방증하는 셈이다.

기업의 신용악화에는 수많은 요인들이 있는데, 혹시 가장 중요한 요인은 무엇이라고 생각하는가?

→ 부채 비율이라고 답하자, 대내적으로 부채 비율은 기업의 신용을 악화시키는 요소가 맞는 것 같다.

그렇다면 외부적인 요소로는 생각한 것이 있는가?

→ 이러한 질문에 대한 답은 기업의 도산사유에 대한 공부가 선행되어야 한다. 도산사유를 모르는 데 어떻게 재무적 비율을 답할 수 있는가? 이런 부분은 신용보증기금 특강 A반에서 다룬다. 부채 비율은 실무자들이 간단히 체크만 하는 비율이고 최우선적으로 고려하는 비율은 아니라 생각한다. 보통 2가지 이유가 있다. 그리고 기업 신용악화의 부차적 요인이다. 굳이 부채의 양을 신용악화의 가장 중요한 요인으로 대답하겠다면 나는 차라리 현금흐름을 더 강조할 것이다. 그리고 이 질문에서 면접관은 이미 질문에 대한 답을 줬다. 신용보증기금 면접관들이 힌트를 주는 경우도 많으니, 신보 면접관들의 의도도 잘 캐치하기 바란다.

중소기업 신용도를 평가할 때 가장 중요한 것은?(공통 질문)

※ 이자 보상 배율, 부채 비율 등의 수치로 대답하신 분이 몇 분 계셨는데, 꼬리질문으로 비

율을 구하는 공식을 아는지, 몇 퍼센트가 적절한지 등 디테일한 질문들이 나왔습니다.

→ 1차적으로 이자 보상 배율이나 부채 비율을 중소기업 신용도를 평가할 때 가장 중요하게 보진 않는다. 신용 분석이나 여신심사 실무를 해 본적이 없기 때문에 이런 답들을 하는 것은 이해할 수 있다. 다만 꼬리질문에 대해서는 나름의 소신이 있어야 한다. 예를 들면, 부채 비율의 경우 물론 산업마다 적절한 퍼센트가 다르다. 하지만 이러한 답은 좋은 답이 아니다. 만약 이렇게 답을 했다면 최소한 3~4가지 본인이 생각하는 산업별 적정 부채 비율을 말해야 한다. 이런 질문은 본인이 생각하는 소신에 의한 부채 비율을 제시하는 것이 좋다.

참고로 필자가 답을 한다면 200%라고 할 것이다. 그리고 그 이유는 2가지가 있다. 현재 신용보증기금에서 매출채권보험이 필수적인지 아닌지. 필수적이지 않다고 생각한다. 왜냐하면 중소기업팩토링 상품도 있기 때문이다.

원칙준수 vs 융통성 중에 하나를 고르면?

※ 꼬리 질문. 원칙만 준수하면 주변 동료들이 힘들 것 같은데?

→ 동료들이 힘들다고 원칙을 준수하지 않으면 나중에 이로 인해 더 큰 문제가 생겨 동료들을 위험에도 빠뜨릴 수 있다고 생각한다. 따라서 원칙준수가 우선이다.

보증심사를 위해 중소기업에 2가지 자료를 제출하라고 한다면 뭐를 요구할건지?

→ 1. 재무제표이다. 기업 신용 분석에서 재무제표만큼 중요한 것은 없다.

2. 국세, 지방세 완납 증명서다. 체납기업은 심사대상이 아니기 때문이다.

자랑할 만한 자신의 생활습관은?

→ 런닝입니다. 한마디 했는데 자르셨습니다. 제발 신용보증기금 면접에서 언급하지 않

앓으면 하는 말들이 있다. 운동, 축구, 맛집탐방, 자전거타기, 배드민턴, 고민 상담 같은 말들이다. 이런 말들을 왜 하는지 필자는 이해가 되지 않는다. 그렇게 본인을 어필할 것이 없는가?

연대보증인 면제의 영향과 신보의 대응방향?

→ 이 부분은 신용보증기금의 가장 큰 고민거리였다. 지금은 각서를 받는 형식으로 하지만 법적 구속력 여부는 문제가 될 수 있다. 다만 법인에 대한 보증 시 연대보증인 제도 관련 예외 조항이 있다. 이 부분을 체크하기 바란다.

5) 다음은 2023년 신용보증기금 합격자 면접 후기를 정리한 것이다.

면접관은 3유형으로 나뉘며, 내부 2명, 외부 2명, 뒤에 평가자 2명이었다. 슈페리어뱅커스 면접 수업 들으면 알겠지만, 제 개인적인 생각은 그저 판단일 뿐, 면접관의 생각과는 다릅니다. 잘 걸러서 들으시고 문항 위주로 보시면 될 것 같습니다.

[과제수행 면접(90분)]
5:5로 팀 과제 수행 후 팀별 질문, 끝나고 나서는 면접관 질문.
 - 주제 : 중대재해처벌법, 포괄임금제(선생님께서 팁으로 주신 문장으로 시작한 질문이 유효했다고 생각). (발표 피하고 싶었으나, 비중이 적어 발표 맡아서 함. 본인은 발표할 때 절도 있게 인사하지 못해 후회가 남는데, 만약 면접장에서 발표를 한다면 시작과 끝에 인사 잘 하길 바람).

[심층 면접(10분)]
후기들과 다르게 심층 면접 압박은 없었고, 편안한 분위기였다.
1. 일을 하면서 가장 존경스러운 사람 → 업무적으로 존경스러운 사람.
2. 공백기 동안 어떤 것들을 했는지.
3. 민원 처리가 쉽지 않을 텐데, 어떻게 응대했는지.

4. 업무 발전을 위해 어떤 노력을 했는지.

5. 스트레스 해소법.

6. 친구들이 말하는 너의 단점과 해결 방안 → 해당 해결 방안 업무 상황에서는 적용이 힘든데, 어떻게 대처하는지.

[실무진 면접(50분)]

실무진 면접 역시 후기들과 다르게 압박감 매우 심했다. 친절하게 듣는 것 같아도, 압박이 엄청 심했다. 이걸 왜 묻지 하는 질문들도 꽤 나왔다. 모르는 건 솔직하게 모른다고 대답하는 게 좋은 듯 싶다.

1. 신보 상품 중 관심 있는 것 → 너의 역량과 적합한 것?

2. 신보는 공공성을 중요시 여기는 기업이다. 중소기업에 지원할 때 공공성 논리를 어떻게 펼칠 것인지? → 반대로 수익성을 고려해야 할 때 어떤 논리를 내세울 것인지?

3. 중소기업에 중요한 회계기준은?

   슈페리어뱅커스 선생님 강의 말씀처럼, 예상 질문에 대한 답변을 줄글로 정리하는 거 진짜 비효율적입니다. 질문이 꼬리에 꼬리를 물기 때문이죠. 특히 꼬리질문에 대처하는 능력을 기르는 걸 추천 드립니다.

<신용보증기금 후기(가볍게 읽으세요)>

스터디 안하고 선생님 강의 듣고 모의 면접 1회 봤습니다. 이전에도 스터디 한 경우는 손에 꼽습니다. 논술도 슈페리어뱅커스 선생님 강의 들어서 논리구조 만드는 데에 도움이 된 것 같습니다.

1. 과제수행은 평타.

2. 심층 면접은 잘 본 것 같음.

3. 실무진 면접은 완전히 꼬여서 5forces model도 제대로 설명 못했음.

그럼에도 붙은 걸 보면, 솔직하게 말하는 태도나 선생님께서 말씀하셨던 답변 양식을 잘 따랐던 게 주요했던 것으로 보입니다. 선생님과 모의 면접 꼭 보세요. 하는 것과 안하는 게 차이가 많습니다.

이것이 금융 취업 입문서이다

chapter 8

기술보증기금
면접 준비

1) 과거 기술보증기금 PT와 인성 면접 후기를 살펴보면, 기술보증기금 면접관들이 지원 자들에게 원하는 요구사항이나 방향성이 그동안 슈페리어뱅커스의 기술보증기금 면 접 강의 내용과 정확히 일치한다. 형식적인 답, 뻔한 답, 모범적인 답, 가식적인 답, 장 황한 답을 하는 지원자들은 결국 어떤 금융공기업 면접에서든 합격률이 떨어질 수밖 에 없다.

2) 10년 전부터 슈페리어뱅커스가 금융공기업 지원자들에게 면접에서 강조한 것은 참신한 답, 간결한 답, 솔직한 답 등이다. 기술보증기금 면접에서 변화나 기류의 흐름을 놓치고 계속 무난하고 모범적인 답들만 고집한다면 기술보증기금 면접의 여정이 쉽지만은 않 을 것이다. 요령으로, 미소로, 가식적으로 면접을 준비하는 지원자는 진중함으로, 참신 함으로, 솔직함으로 답변하는 지원자를 극복할 수 없기 때문이다. 아직도 그동안의 면접 탈락의 이유를 모른다면 이는 정보의 부족이 아니라, 깨달음의 부족으로 본다.

3) 다음은 2022년 기술보증기금 면접 후기에 관한 내용이다.

1. PT면접(40점/50분, 진행/지원자1 : 면접관3)

제가 받은 주제는 '납품단가 연동제의 필요성과 기보에 대한 영향' 이었습니다. 준비시간 40분+발표시간 3분+질의 응답 7분으로 진행되었습니다. 제시문은 원자재 가격 상승으로 하청업체들의 단가 상승에 부담을 느끼는 상황에서 납품단가 연동제의 체결에 법적 강제성은 없고, 원청업체와 하청업체의 자율적인 협약으로 시행되고 있다는 내용이었습니다. PT발표 후 받았던 꼬리질문입니다.

(꼬리질문)

Q1. 현황에서 전기차 언급한 것은 사례로 제시한 건가?

Q2. 제조업 분야에만 혜택을 준다면 기보가 지원하는 서비스 산업이나 다른 업종과 형평성에 어긋나지 않겠는가?(질문해 주신 면접관께서 저를 보며 답변을 들으시다가 평가지에 뭔가를 기록하셨습니다. 답변이 매끄럽지 못하고 길이가 길어졌습니다.)

Q3. 기대효과에서 원청업자의 리스크는 왜 줄어드는가?

Q4. 원자재 가격이 하락하는 경우에는 납품단가를 인하해야 하나?

Q5. 인센티브는 납품단가 연동제를 체결한 원청업자와 하청업자 모두에게 주는 것인가?

Q6. 그러면 하청업자에게는 이중으로 혜택을 주는 것 아닌가?

A6. (제가 작성한 전지를 보면서 조금 뜸을 들이다가 다시 생각해보니 제 생각이 틀린 것 같아서 바로 정정했습니다)

Q7. 원청업자에게는 생산 비용 외에도 다른 비용도 들 것 같다. 그런 점에서 인센티브를 줘야 하나? 라는 내용의 질문을 주셨습니다. 꼬리 질문에 대해 후반으로 갈수록 제가 긴장한 탓에 끝까지 제대로 못했습니다. 면접관께서 제가 답변을 이어나가기를 기다려주신 덕분에 대답을 하긴 했으나, 소극적인 태도가 감점 요인이 되었을 수 있다고 생각합니다.

2. 토론 면접(25점/40분, 진행/지원자8 : 면접관2)

토론 주제는 '가업상속공제 찬/반'이었습니다. 면접관 두 분이 계셨고, 4명씩 찬성/반대 측을 지정해 주셨습니다. 진행 방식은 자유였고, 저희 조는 사회자 없이 기조발언 진행 후 자유롭게 토론을 진행했습니다.

3. 인성 면접(35점/25분, 진행/지원자4 : 면접관3)

토론 면접에서 반대 측에 있었던 지원자분들과 함께 한 조가 되어 들어갔습니다. 면접관 세 분 께서 웃으면서 맞이해주셨고, 다 같이 맞춰서 인사드린 후 착석했습니다. 면접 시작 전에 가운 데 계신 면접관께서 '이번 면접이 면접관에게도, 지원자에게도 마지막 순서인 만큼 대답은 두 괄식으로 간결하게'할 것을 강조하셨습니다(저희 조가 시간표 상 인성 면접의 가장 마지막 순 서였습니다). 또한, 답변은 자소서에 작성하지 않은 내용을 말씀하라고 하셨고, 형식적인 대답 보다는 솔직한 대답을 하라는 취지로 이해했습니다.

Q1. (공통 질문)지금까지 난관에 부딪혀본 경험과 어떻게 극복했는지?

Q2. (개별 질문)지원자가 한 행동 중에 핵심만 추려서 얘기하면 뭐냐?

Q3. (개별 질문)지원자는 작년부터 올해 초까지 짧게 인턴 생활을 했는데, 근무하면서 어떤 개 선점이나 한계를 찾은 경험이 있나?(답변을 하면서 면접관의 표정을 보며 제가 핀트를 잘 못 잡았다는 것을 뒤늦게 깨달았습니다.)

Q4. (개별 질문)그런 부분 외에, 일하면서 개선점을 찾은 것은 없었나?

Q5. (개별 질문)그래서 실제로 개선되었나?

Q6. (공통 질문)전공 및 직무와 관련된 것 외에 스스로 목표를 세워서 자기계발에 노력한 경험 이 있는가? 운동과 관련된 내용도 답변에서 제외하라는 전제를 주셨습니다(지원자 3-2- 4-1 순서로 대답하라고 하셨습니다. 저의 앞 순서였던 3번 지원자께서 인턴 경험을 이야 기하셨고, 답변이 길어지자 면접관의 표정이 어두워지셨습니다. 해당 내용은 직무에 관 련된 부분이고, 다른 내용은 없느냐고 하셨지만 지원자가 기존의 답변을 이어 나가자 만 족하지 않으시는 눈치였습니다. 답변 중간에 말을 끊으셨고, 저의 순서가 되었습니다).

Q8. (공통 질문)이제 기보 면접이 다 끝났는데, '이 말 안 하고 집에 돌아가면 후회할 것 같다.' 하는 점이 있으면 마지막으로 말해보라.

chapter 9

무역보험공사
면접 준비

1) 무역보험공사는 다른 금융공기업들에 비해서 면접 유형의 변화가 많은 편에 속한다. 따라서 무역보험공사 면접을 준비하는 지원자들은 무역보험공사 면접 기출이나 과거 질문들은 참고용으로만 확인하기 바란다. 결국, 본인에 대한 질문은 본인이 제출한 자소서가 면접관에게는 가장 중요한 기초자료이기 때문에, 본인을 기준으로 면접 준비를 해야 함을 명심하자. 그리고 전문성 또한 중요하다.

2) 무역보험공사의 업무는 무역에 특화된 전문기관이다. 그만큼 무역실무를 해본 전문가의 도움이 중요하다. 밝은 미소와 가식적인 답변만으로 무역보험공사 1차 면접은 통과하기 어렵다. 무역실무와 재무신용 분석 및 국제적 흐름이나 파생금융에 대한 지식이 없으면, 실제 PT면접이나 토의 역할극에서 꿔다 놓은 보리자루가 될 가능성이 높다.

3) 무역보험공사 1차 면접은 보통 2회에 걸쳐 진행되어 왔다. 하지만 매년 그렇게 하지는

않았다. 첫째 날은 다대일/다대다 면접과 PT면접 등의 형태로 진행되었고, 둘째 날은 역할극과 토의면접 등의 형태로 진행되었다.

4) 무역보험공사 면접을 준비하는 지원자는 다음 사항들을 유념하고 준비해야 한다.

　가. 기본적으로 무역프로세스와 수출입거래 기법, 환율관련 지식과 채권회수와 관련된 채권관리 업무와

　나. 무역보험공사 재무제표를 비롯한 한국 무역현황 및 글로벌 이슈도 꼼꼼이 챙기길 바란다.

　다. 무역보험공사의 PT면접은 일반적인 PT가 아니라, 수출입은행의 인바스켓 면접과 유사하다. 무역과 환율, 재무, 비재무심사 등 종합적인 통찰력을 바탕으로 문제를 해결해 나가야 하는 방식이다.

5) 다음은 무역보험공사의 다대일/다대다 면접 기출 질문을 정리한 것이다.

　– 인턴십이 무역보험공사에 입사해서 어떤 점이 도움이 될까?

　– 고객만족이란? 고객만족을 위한 나만의 팁?

　– 인턴십 경험을 통해 내가 얻은 점?

　– 함께 일하기 힘든 상사랑 일을 하는데, 의견이 다를 때는 어떻게 할 것인가?

　– 단점?

　– 내가 가장 행복할 때?

　– 10년 후 포부.

　– 연수받는데 업무가 맞지 않다면?

　– 본인 인생의 흑역사.

　– 본인이 생각하는 단점과 타인이 생각하는 단점.

- 장애 관련 봉사활동을 하게 된 계기.

- 어떤 장애가 가장 힘들어 보였는지?

- 팀으로 일할 때 의견이 a와 b로 나뉘었고, 이를 해결했던 경험.

- 내가 한국무역보험공사의 사장이라면 업무 관련해서 개선하고 싶은 것.

- 본인이 가장 중요시하는 윤리가치는?

- 석탄산업 지원 중단 이슈 있는데, 본인의 생각은?

- 카드뉴스를 제작하면 어떤 내용 포함하면 좋을지?

- 본인의 가치관과 타인의 가치관이 충돌한 경험 및 해결 사례.

- 무보와 수출입, 산은, 기보 등과의 차이점.

- 무역분쟁이 우리나라 무역패턴에 어떤 영향을 미칠지?

- 갈등을 해결하기 위해 본인이 생각하는 합리적인 방안은 무엇인지?

6) 다음은 무역보험공사 PT면접 기출을 정리한 것이다.

- 한 회사에 대한 상황을 정리한 짧은 제시문 4개가 있고, 이 상황 속에서 무역보험공사
  가 기업을 지원할지 말지 설명하기.

- 단기수출보험 인수한도 책정할 때 중요한 지표 3가지를 고르고 설명하기.

- 주어진 기업의 상황에서 환 헤지 방법은?(수출 대상국, 기업현황, 환율동향 등 자료들이 상세
  히 주어짐)

- A국가의 연도별 경제 지표(GDP 성장률, 물가 상승률, GDP 대비 부채 비율, GDP 대비 무역수지 비
  율 등)와 A국가의 강점과 약점이 주어지고, 00부서는 A국가 등급 산정 다시해달라고
  하고, 00부서는 지원기업 가격 경쟁력을 위해 등급 유지해달라고 부탁하는 상황에서
  본인이라면 등급 상향 유지와 하향 중 뭘 선택할 것인지.

7) 다음은 무역보험공사 역할면접 기출을 정리한 것이다.

- 10분 동안 직장 내 괴롭힘 방지법에 대한 영상을 틀어주고, 조에서 어떻게 괴롭힘을 방지할 수 있을지 고민하고 역할극하기.

- 직장 내 세대갈등 해결 방안에 대해 5분 정도 역할극 하기.

8) 다음은 무역보험공사 토의면접 기출을 정리한 것이다.

- 스마트워크와 관련된 자료를 10페이지 정도 주고, 무역보험공사가 앞으로 스마트워크를 어떻게 도입해야 할지, 그리고 도입하고 있는 것은 어떻게 발전시켜야 할지 도출해서 발표하기.

- 코로나 대응 컨틴전시 플랜.

9) 다음은 무역보험공사 합격 후기를 정리한 것이다.

<무역보험공사 합격자 후기 1>

자기 소개서 서류 합격률이 낮다고 생각이 되어서, 알아보다가 슈페리어뱅커스의 금융공기업반을 듣게 되었습니다. 보통 논술반에서 추가로 이 수업을 들으시던데, 제가 논술반을 듣지 못한 것은 좀 아쉽습니다. 하지만 금융공기업반 자체도 충분히 만족스러웠습니다. 자기 소개서 작성 노하우를 하나하나 배울 수 있었고, 이를 기반으로 자기 소개서를 작성하니, 그 다음부터는 서류에서는 잘 안 떨어진 것 같습니다. 올해 특히나 서류합격도 어려웠는데, 시작이 좋았다고 생각합니다. 자기 소개서 수업 이후에는 신용장 방식이나 무역금융, 선박금융, PF금융 등에 대해 설명을 들었는데, 이 또한 다른 곳에서 들을 수 없었던 실무적인 내용이라, 결론적으로 무보 입사에 큰 도움이 되었던 것 같습니다. 면접 수업에서도 본격적인 시즌에 앞서 PT면접의 노하우나, 경험정리법 등 면접에서 유의해야 할 사항에 대해 들었던 것이 도움이 되었습니다.

<무역보험공사 합격자 후기 2>

저는 수업을 들으면서 좀 더 일찍 수업을 듣지 못했던 점이 아쉬웠습니다. 준비하면서 막막했던 점을 선생님께서 명쾌하게 답변을 해 주셨기 때문입니다. 학원을 다니면서 가장 좋았던 것은, 인성 면접의 경우 많은 사례를 기억하고 말하는 것이 어려웠는데, 이를 간단하게 정리하는 방법을 알려주시는 것입니다. 그래서 비슷한 경우의 질문은 묶어서 한 번에 정리할 수 있었습니다. 또한 제가 생각지도 못한 부분을 짚어 주시고 거기에 대한 좋은 답변을 바로 주셨고, 부족했던 답변을 채워 나가면서 자신감을 얻을 수 있었습니다. 이 외에도 선생님께서 해주시는 강의의 중요한 부분을 제 답변에 모두 반영하기 위해 노력했습니다.

1분 자기 소개의 경우에 저는 방향을 못 잡고 있었는데, 선생님께서 제 자소서와 모의 면접을 통해 좋은 아이디어를 주셔서 남들과 차별화된 답변을 준비할 수 있었습니다. 수업을 듣고 꾸준히 연습하면 다른 사람들과 똑같은 대답을 하지 않는 사람이 될 수 있다고 생각합니다. 선생님께 다시 한 번 감사드립니다.

chapter 10

한국자산관리공사(캠코)
면접 준비

1) 2023년 한국자산관리공사(캠코) 1차 면접 전형은,

   1. 심층 면접

   2. PT면접

   3. 토론 면접

   으로 진행되었다.

2) 2022년 한국자산관리공사(캠코) 1차 면접 전형과 비교해보면, 2022년 진행했던 상황면접이 사라졌고 대신 2023년에는 토론 면접으로 대체되었다.

3) 한국자산관리공사(캠코) 심층 면접의 경우, 다음 주제 글을 미리 공지하고 지원자들은 미리 준비를 한다. 면접 당일 발표 후에 질의/응답을 받는 형식이다.

4) 캠코의 상시 심층 면접 주제는 몇 년간 변경 없이 이어져왔다. 물론 2024년 면접 전형에서는 변화가 있을 수도 있다.

5) 심층 면접 준비에서는 3분 분량의 보고서를 만들기 이전에 꼭 질문부터 숙지하기 바란다. 2022년 질문의 경우,

   가. 자기 소개서를 바탕으로,

   나. 목표에 따른 성공적인 과거경험,

   다. 한국자산관리공사에서의 미래 경력 목표,

   라. 이를 달성하기 위한 계획.

   4가지에 대한 발표문을 만들어야 한다. 실제 2023년의 경우에도 많은 지원자들이 캠코에서 제시한 질문에 대한 발표문이 아닌, 본인이 말하고 싶은 발표문을 작성해 오는 경우를 많이 보았다. 꼭 묻는 말에 답을 하자.

6) 심층 면접 발표문은 확실히 암기해야 한다. 더듬거리거나 잊어버린다면 면접관의 입장에서는 이것 하나 제대로 준비 못해왔냐는 실망감을 안고 면접에 임할 수 있음을 알아야 한다.

7) 심층 면접 발표 후, 질문이 이어지는데 질문의 경향은 정해져 있지 않다. 인성 면접이 될 수도, 역량 면접이 될 수도, 아니면 발표문에 대한 심층 질문이 될 수도 있다. 예측하면서 집중하기보다는 모두 철저히 준비해야 한다.

8) 2022년 한국자산관리공사(캠코) PT면접의 경우,

　가. PT주제는 주로 한국자산관리공사의 실무와 관련된 주제들이 주를 이루었다.

　나. 하지만 지역 면접이나 면접 부스에 따라서는 학술적인 주제가 주어졌다.

　다. PT 면접은 얼마나 캠코 실무에 대한 관심이 있는지, 그리고 학술적인 이슈들에 대해 많은 준비를 했는지 등을 알 수 있는 전형이 된다. 비록 자료가 주어지지만, 단순히 전공필기만 공부했던 지원자들은 힘들 수 있다.

　라. 3분 PT, 5분 질의 응답의 시간으로 진행되었다.

　마. Q카드 작성하여 제출한 후 진행된다.

9) 한국자산관리공사(캠코) 토론 면접의 경우, 4년 만에 부활되는 면접 전형이다.

chapter 11

한국거래소 면접 준비

1) 2023년 한국거래소(KRX) 신입 1차 면접 전형은 채용 공고 상,

　1. 인성 면접(50점).

　2. 직무역량 면접(35점).

　3. 영어면접(15점).

으로 구성되었다.

　2022년 한국거래소 1차 면접 대비 변경된 것은 직무역량 면접이 50점에서 35점으로 줄었고, 대신 영어면접이 15점 새로 추가 되었다.

2) 한국거래소 면접 준비 방식은 다음 사항을 눈여겨 보면 좋다.

　가. 자소서와 본인 준비 : 제출한 자소서에 대한 질문 비중이 높으므로 항상 본인 자소서를 면접 준비의 시작점으로 잡으면 좋다. 그리고 본인의 가치관, 본인의 경험, 상황 대처 준비 등으로 넓혀 나가길 권한다. 중요한 것은 준비의 체계성이다. 이것저것

체계 없이 준비하면 결국 실전에서 기억을 못하거나 의외의 실언을 하게 될 가능성이 높다.

나. 한국거래소에 대한 준비 : 조직/보도자료/상품/현안 순서로 정리해 나가면 좋다.

다. 자본시장/금융시장 준비.

라. 최근 시사이슈 준비.

3) 다음은 한국거래소 면접 후기를 정리한 것이다.

<2023년 한국거래소 면접 후기>

1) PT + 토론 면접(면접관 4)
- 형식: PT는 20분 정도 준비, 2분 발표(자료 붙이는 시간 포함), PT에 대한 별도의 질문은 없음. 토론은 15분. 같은 조 모든 지원자 PT 발표가 끝난 후 PT 발표한 방으로 다시 들어가서 함. 책상이나 주어진 필기구는 없고 본인이 준비한 PT 자료 바닥에 깔아놓고 보면서 토론함. 진행자는 별도로 정해지지는 않는 편. 끝나고 면접관들의 공통질의가 있음.
- 주제: 원격근무가 기업과 근로자에게 미치는 각 영향을 발표하라(동일 주제로 토론 – 원격근무 찬성, 반대). (다른 조 주제는 비대면 의료 활성화라고 들었습니다.)
- 전반적 후기: 저는 개인적으로 면접관들이 짧은 PT에도 집중을 잘 해주는 편이라고 생각했는데 같은 조 다른 분은 면접관들이 거의 관심이 없었다고 했습니다. 짧은 발표이고 제시문에 PT에 사용할 수 있는 재료가 대부분 주어지는 편이라 자료를 깔끔하게 잘 작성하는 것이 중요하다고 생각했습니다. 토론의 경우 저는 말을 조리 있게 잘하지 못했다고 판단했지만, 그나마 플러스가 있었다면 다양한 아이디어를 낸 것 같습니다. 상대팀 질문에 다양한 대안들을 제시하는 것이 좋겠다고 느꼈습니다. 공통질의의 경우, 토론 막바지에 원격근무를 하는 직원들에게는 임금을 더 주어야 한다는 이야기가 있어서 그 부분에 대해 다른 지원자들은 어떻게 생각하는지, 본인의 입장에서 다른 입장의 이점(원격근무 찬성인 저는 대면근무의 이점)을 어떻게 보완할 수 있을지를 받았습니다.

2) 인성 면접

- 형식: 45분 면접, 상황질문 위주, 면접관 3.
- 전반적 후기: 분위기는 정말 좋았습니다. 저는 거래소 들어간 선배가 남긴 후기를 보고 상황 질문도 꽤 준비를 한 편이었는데, 그것이 많은 도움이 되었습니다. 원래는 임원 면접에서 상황 질문을 하는 편이었는데, 이사장님 임기가 얼마 남지 않아 상황 질문을 1차 면접에서 많이 한 것 같다는 이야기도 들었습니다. 대부분이 공통 질문이어서 개인적으로는 이직자와 완전신입에 큰 구별을 두지는 않는 편이라고 느꼈습니다. 면접장에서는 제가 다른 지원자분들보다 말을 짧게 끝냈다고 생각했는데, 복기를 해보니 그렇게 정리된 말로 짧게 한 건 아닌 것 같다는 생각도 들었습니다. 저는 압박을 받지 않았는데 다른 지원자들은 과장된 경험을 말할 경우에는 꽤나 깊게 압박이 들어갔었습니다. 그리고 자기 소개서에 쓴 내용을 말씀드리면 자기 소개서에 쓴 내용인지 확인하셨던 점에서 자소서에 쓰지 않은 다양한 경험을 말하는 것이 좋다고 느꼈습니다.

3) 영어면접

- 형식: 면접 시간이 기억이 안 납니다. 길지는 않았습니다. 10분 정도! 면접관 3명, 전부 공통 질문.
- 전반적 후기: 지원자 간 큰 차이가 없다고 느꼈습니다. 한 분은 영어로 설명하기 힘든 부분은 그냥 한국어로 말하셨습니다(그 분은 1차 면접 붙으셨습니다). 질문이 쉬운 편은 아니었지만 거래소 준비하면서 신문을 많이 읽었다면 충분히 대답할 수 있는 질문들이었습니다. 두 번째 질문의 경우, 무엇을 물어보시는지 정확히 못 들어서 그냥 둘 다 해당되는 것으로 말씀드렸습니다(시장 운영 시간으로 대답했습니다). 별도로 시간을 들여서 준비할 필요는 없다고 느꼈습니다.

이것이 금융 취업 입문서이다

chapter 12

중소벤처기업진흥공단
면접 준비

1) 최근 중소벤처기업 지원은 민간주도의 '혁신경제 정책'의 일환으로 큰 관심을 받고 있다. 고부가가치 산업을 육성함으로 경제의 생산성을 높이고, 양질의 일자리를 창출한다는 점에서 중소벤처기업의 성장사다리 구축이 꼭 필요해졌기 때문이다.

2) 하지만 문제는 중소벤처기업들이 처한 현실이다.

　가. 많은 기업들이 기술발전을 위한 자금력이 필요하지만 녹록치 않다.

　나. 그렇다고 자금력이 받쳐준다고 해도 기술의 발전이 용이하지만은 않다. 그 이유는,

　　- 공인된 기술 또는 특허 가치 평가 모델 구축이 쉽지 않고, IP 관련 전문 인력도 부족하기 때문이다.

　　- 금융지원의 경우, 기술력이나 특허권은 담보물로서 안정성을 확보하기 어렵기 때문이다. 부동산, 기계 등과 같은 유형자산과 달리 무형자산인 IP는 채무 불이행 시 원금 회수가 어렵다. 이런 IP 담보물의 특성으로 인해 금융 기관은 IP 금융에 상대

적으로 소극적이다.

- 환경도 우호적이지 않다. 특히, IP 거래소 설립 및 활성화 방안이 절실하다. IP의 재산적 가치에 대한 사회적 인식이 부족하고, 이에 대한 보호 장치가 미흡하다는 점이다. 미국, 유럽과 같은 선진국에서는 IP의 재산적 가치를 중시하고, 또 이를 침해할 경우 엄격하게 처벌한다. 하지만 우리나라의 경우, 불법다운로드를 통한 저작권 침해, 상표권 표절 등이 비일비재해 사회 문제가 되고 있다. 이러한 현상은 IP의 재산적 가치에 대한 부족한 사회 인식을 방증한다. 또한 IP를 침해했을 경우 법적 처벌의 형량도 낮아 IP를 보호할 법적, 제도적 장치가 부족하다.

3) 따라서 중소벤처기업진흥공단 면접을 준비하는 지원자는 중소벤처기업 지원을 위한,

가. 환경.

나. 지원방식.

다. 사후 관리.

라는 프로세스별로 나누어 이해할 필요가 있다. 그래야 중소벤처기업진흥공단 면접에서 콘텐츠 관련해서 논리적인 답변을 할 수 있게 된다.

라. 그리고 큰 그림에서 중소벤처기업 지원에 대한 방안을 고민할 필요가 있다. 예를 들면, 다음과 같은 방안들이다.

첫째, 자금 공급자 측면에서, 자금의 과소 공급이 존재하고 있는 원인은 현행 기술평가시스템이 자금 공급자의 기술평가 수요에 맞는 정보를 충분하게 제공하지 못하고 있는 점에 있다. 자금의 수요자와 공급자 간에 기업의 아이디어나 기술에 대한 정보의 비대칭성이 존재한다. 자금의 공급자는 기업이 제공한 기술력에 관한 정보 혹은 기술신용평가기관(TCB)의 기술평가자료 등을 근거로 지원 여부를 판단해야 한다. 그러나 아직 제대로 된 기술평

이것이 금융 취업 입문서이다

가 인프라가 구축되지 못한 상태이기 때문에 금융기관들 입장에서는 채무기업 부실 시 발생하는 리스크를 최소화하기 위해 기업의 재무제표, 매출실적, 물적 담보 등에 근거해 대출을 하고자 하며 기술금융을 기피하게 된다.

둘째, 기술평가시스템이 금융권의 기술평가 수요에 맞는 정보를 제공해야 하고 실질적으로 투자자나 금융기관이 이를 활용할 수 있어야 한다. 차입자와 대여자 간에 발생하는 정보비대칭성으로 인한 문제를 해결하기 위해서는 기보 등 기술평가기관에서 민간이 신뢰할 수 있는 기술평가 인프라를 구축해야 한다. 또한 금융기관들도 자체적으로 기업 금융 관련 데이터베이스를 활용하거나 기술신용평가 기관과의 제휴를 통해, 각 금융기관별로 특화된 기술평가 모델들을 개발해 금융기관들이 이를 신뢰하고 기술금융 업무에 실질적으로 활용할 수 있어야 한다.

셋째, 융자가 아닌 투자 중심의 기술금융이 활성화 되어야 한다. 이를 위해서는 투자한 자금을 회수할 수 있는 시장 및 생태계가 먼저 조성되어야 한다. 엔젤투자 활성화를 통해 기술력은 있으나 자금이 부족한 초기 창업기업이나 중소기업에 사업자금을 투자해 성장시키고, IPO와 M&A를 통해 자금을 회수할 수 있어야한다. 벤처캐피탈은 여러 사람들의 투자자금으로 운영되는 펀드이기 때문에 리스크가 큰 신생 기업들에 투자하는 경우는 드물다. 따라서 엔젤투자 활성화를 위해서는 경제적 유인인 세금 감면 등을 생각해 볼 수 있다. 또 IPO의 경우, 벤처기업이 코스닥 IPO시장에 상장되기까지는 평균적으로 12년이 걸린다. 따라서 투자 활성화를 위해서 대기업의 효율과 규모의 경제 그리고 벤처의 혁신이 결합한 상생형 M&A도 하나의 방법이 될 수 있다.

4) 결국 중소벤처기업진흥공단 면접 준비는,

　가. 중소벤처기업 지원이라는 콘텐츠와 관련된 공부.

　나. 일반 면접 질문에서 답변의 독창성.

　다. 준비 방법의 차별화.

　를 이뤄낼 때 합격의 가능성이 높아지게 된다. 인사를 잘하고, 잘 웃고 하는 외형적인 인상도 면접에서는 중요하다. 하지만 중소벤처기업 지원에 대한 고민과 체계적인 방안을 명쾌하게 답변하는 것도 중소벤처기업진흥공단 면접에서 상당히 중요하다.

5) 다음은 중소벤처기업진흥공단 면접 질문과 후기를 정리한 것이다.

<2023년 중소벤처기업진흥공단 하반기 1차 면접 수기>

1. 토론 면접
　(1) 토론 요약
　　- 토론이 아니라 토의에 가깝습니다.
　　- 면접자들은 일자로 배치되고, 면접관들과 시선이 마주칠 수밖에 없는 구조입니다.
　　- 총 50분이 주어지고 5분 동안 자료를 읽는 시간이 주어집니다.
　　- 페이지 분량은 6~7장 정도 되었던 것 같습니다.
　　- 주제는 "순환 경제에 대한 중소기업 대응과 중진공 역할에 대해 토론하시오."였습니다.
　　- 면접장 입실 전 면접자들끼리 자유롭게 얘기를 할 시간이 잠깐 주어지고 이때 사회자나 간단한 규칙들(ex. 공격적인 태도 지양) 등을 정했습니다.

2. 직무면접
　(1) 면접 요약
　　- 전체적으로 매우 친절하셨습니다.
　　- 꼬리질문이 거의 없는 편이였습니다.

- 면접 질문을 한 번에 두 개 하는 경우가 많아서, 집중하고 들으셔야 합니다.
- 면접 중에 물을 마시게 해줍니다(근데 눈치껏 마실 수 있는 분위기가 아님).

(2) 질문 받은 것
- 중진공 고객이 누구인가?
- 도움을 준 적이 있는가?
- 도움을 받은 적이 있는가?
- 왜 남을 도와줘야 하는가?
- 업무를 할 때 중요한 것은?
- 상사가 무능력하다면?
- 싫어하는 사람과 업무를 한다면?
- 본인이 할 수 있는 역량은?
- 중진공은 누구와 협력하는가?
- 기업평가 시 가장 중요하게 봐야할 요소는?(비재무 요소, 재무 요소 아무거나 상관 없음.)

chapter 13

IBK기업은행
면접 준비

1) IBK기업은행 채용 공고를 살펴보면, 1차 실기시험(면접)으로 1박2일 합숙면접이 공지되었다. 토론, 인터뷰, 롤플레잉, 팀 활동평가, 발표, 논술 등 직렬별로 다소의 차이가 있지만, 꽤나 많은 면접 전형을 진행한다. IBK기업은행은 면접 방식이 자주 바뀐다. 이전 실기시험과는 전형방식이나 내용이 달라질 가능성이 높기 때문에, 기업은행 실기시험 면접 후기는 참고용으로만 활용해야 할 것이다.

2) IBK기업은행 1차 실기시험은, 전통적으로 새로운 면접 유형을 가장 많이 도입했던 전형이고, 그 면접 전형의 방식도 매우 다양했다. 참고로 과거 IBK기업은행이 합숙면접 등에서 새롭게 도입했던 면접 유형은 마인드맵 스피치, 협상면접, 게스티메이션(페르미추정), 알고리즘 면접 등이 진행되었다.

3) 따라서 IBK기업은행 1차 실기시험 준비는, 전형에 대한 예측보다는 본인에 대한 정리

와 금융 지식 및 은행실무에 대한 실력을 갖추는 것에 더 주력하길 바란다. 즉, 기본기를 갖추는 것이 가장 중요하다.

4) 기업은행 1차 실기시험(면접) 기출질문들은 많은데, 바람직한 답변의 방향성을 제시해주는 곳이 없다 보니, 그저 기출질문들만 많이 알고 답변은 모범적이고 착하면 좋다는 착각들을 많이 한다. 하지만 중요한 건 답변이다. 지금부터 최근 IBK기업은행 실기시험 중 인터뷰 면접의 기출질문들을 소개하고, 바람직한 답변의 방향성을 제시하고자 한다.

가. 늘 강조했지만, 기업은행 실기시험 기출질문들은 기출일 뿐이다. 기출에 연연해하지 말고, 본인 자소서에 대한 예상 질문들과 답변들에 대해 집중하는 것이 효과적이다. 기업은행 면접관들은 여러분들이 작성한 자소서가 1차 자료이다. 이 내용 안에서 질문이 나올 가능성이 가장 높다는 것을 잊지 말자.

나. 여러분들이 모여서 스터디를 하며 구상하는 답변이나, 은행이나 금융권 경력이 없는 분들이 제시하는 모범적이고 FM적인 답변들의 모호함을 인지하면 좋겠다. 은행에서 예금을 실제 판매한 적도, 여신에 대한 고민을 한 적도, 기업분석의 경험도 없는 사람들끼리 모여서 어떤 좋은 대답이 가능하다고 생각하는가?

다. 은행업은 실력에 더해 센스도 중요하다. 센스는 실력이 전제되어야 현실적인 참신한 답으로 빛나게 된다. 슈페리어뱅커스 1:1 모의 면접을 경험한 지원자들은 왜 늦게 수업을 신청했는지 후회를 많이 한다. 왜 그런지는 기업은행 기출들에 대한 답변의 차별화 전략을 통해 확인하기 바란다.

라. 거짓말이나 스스로 급조한 대답은 어지간한 면접관들은 금방 알 수 있다. 방어기재에 따른 변명은 궁색해지기 마련이다. 스스로 진실을 말하도록 노력해야 한다. 그리고 진실을 말할 때는 용기가 필요하다. 용기를 내어 나를 이야기하길 바란다.

마. 기업은행 신문기사 내용이나 누구나 아는 뻔한 은행이나 금융과 관련된 내용들을 나

만 알고 있다고 착각하지 말자. 앵무새 같은 답변들은 누구나 알고 있기 마련이고, 이 러한 답변들은 면접관 입장에서는 그저 뻔한 답변 중 하나로 보기 때문에 본인의 경 쟁력이 되지 못한다.

바. IBK기업은행에 대해서, 그리고 경쟁 은행들과의 재무 및 비재무 비교는 필수이다. 근거 없는 기업은행 SWOT분석은 면접관들의 표적이 되기 십상이다. '그럴 것이다.' 라는 상식적인 추측은 오히려 위험하다. 금융 이슈나 주요 사건들도 확실히 공부해 야 한다. 특히 디지털 관련 이슈는 심도 있게 공부하자.

5) 다음은 IBK기업은행 실기시험 기출질문과 이를 분석한 내용이다.

1분 자기 소개 듣고 가죠.

→ 1분 자기 소개는 중요하다. 자기 소개를 하는 목적부터 생각해 보라. 본인을 알리는 것인데, 이는 1차원적인 접근법이다. 더 좋은 방향은 첫 질문을 유도하는 것이다. 항 상 IBK기업은행 면접관의 입장에서 답변을 구상하길 바란다. 참고로 이제 역량으로 접근하는 자기 소개는 경쟁력이 없다. 기업은행 지원자들의 역량의 편차는 예상보다 크지 않기 때문이다.

한정된 자금이 있다. 담보가 튼튼한 기업과 성장성이 좋은 기업, 어디를 지원하겠는가?

→ 정답과 오답이 정해져 있지 않은 질문이다. 담보가 튼튼한 기업을 지원한다면 그 논 리가 중요하고, 성장성이 좋은 기업을 지원한다면 또 그에 맞는 논리가 중요하다.

다양한 논리적 접근 방법은,

- 현재 금융시장의 상황을 고려.

- 기업은행 금융 본연의 방향을 고려.

- 안정된 담보의 이면에 있는 부분 고려.

이것이 금융 취업 입문서이다

– 성장성이 좋은 기업의 이면에 있는 부분 고려.

만약 필자가 답변을 한다면, 담보가 튼튼한 기업을 우선 지원한다고 할 것이다. 그 이유는 첫 번째 담보가 튼튼한 기업은 다른 은행과의 유치 경합 가능성이 높기에, 먼저 기업은행이 담보여신 고객을 확보하며 영업SHARE를 확대해야 한다. 두 번째 이유는 담보여신은 BIS자기자본 비율의 하락이 제한적이기에 남는 여신한도로 추가로 성장성 있는 기업에 대한 지원도 가능하기 때문이다.

이때, 담보는 없지만 더 유망한 기업이 나타났다. 이럴 경우에는 어떻게 할 것인가? 이유는?

→ 이 부분은 이전에 내가 생각한 답을 했다면 추가질문이 나올 수 없게 된다.

왜 은행원이 되고 싶나?

→ 타자공헌이라든지, 적성에 맞는다든지, 선한 영향력이라든지, 이런 대답들을 IBK기업은행 면접관들이 원할까? 이런 부분들은 좀 더 깊게 접근해야 한다.

만약 필자가 답변을 한다면,

1. 은행은 사람들의 목표 달성을 도와 사람들의 삶을 윤택하게 만드는 가장 강력한 곳이기 때문이다(이 멘트는 로버트 실러 교수의 책에서 응용했다).

2. 한국은 산업 공동화 등으로 이제 제조업은 우리를 떠난다. 따라서 우리도 미국이나 영국이 했던 것처럼 서비스 강국이 되어야 한다. 그리고 서비스업 중 전문가 영역이 금융서비스이며, 그중 고객과 가장 맞닿은 곳이 은행이라 생각하기 때문이다.

   (이 부분은 토인비의 문명서진설을 응용했다).

그렇다면 그 중 왜 기업은행인가?

→ 정책금융기관, 중소기업을 위한 은행, ESG 실현 은행 같은 기업은행 찬가 같은 식상한 답변들은 하지 않아야 할 것이다. 누구나 하는 답변은 좋은 답변이 아니기 때문이다.

만약 필자가 답변을 한다면,

기업은행 지원이유를 숫자로 설득할 것이다. 즉, IBK기업은행의 재무 지표 분석과 이에 대한 해석을 이유로 기업은행 지원 동기를 말할 것이다. 그리고 타 은행과의 차별점을 어필할 것이다.

기업은행을 위한 ESG 전략이 있나? 말해보라.

→ 이런 질문에 대한 답변들은 분류부터 해야 한다. 예를 들면, E와 S와 G를 나눠 답변을 한다든지, 아니면 글로벌 금융기관들의 ESG 전략과 현황들을 바탕으로 한 벤치마킹 전략을 제시하면 좋다. 더 나아가 최근 RISK 접근방식에 따른 기업은행 ESG 전략을 제시하면 좋다. 논술수업 때 항상 강조하지만, 무엇이든 확실히 알아야 한다. 금융논술과 면접의 차이는 꼬리질문이 있느냐 없느냐이다. 금융논술에서는 얼버무릴 수 있지만, 면접에서는 얼버무리게 되면 날카로운 꼬리질문이 들어오게 된다. 그래서 금융논술 책을 집필할 때 최대한 상세하게 집필하려고 노력한다. 전후 사정을 이해해야 자연스럽고 완벽하게 기억되기 때문이다.

상품을 판매한 경험이 있는가? 실패 경험은 있나요? 있다면, 어떻게 극복했나요?

→ 경험 질문들은 단골이다. 이런 것마저 준비를 안 하고 기억을 못해낸다면 도대체 면접 준비로 무엇을 한 것인가?

외환 이슈에 대해서 아는 대로 말하여라.

→ 외환 이슈는 무수히 많다. 가장 자신 있는 것을 답변해야 한다. 꼬리질문이 잘 나오는

　부분은 학술적인 질문인 경우가 많기 때문이다.

　　- 고환율 상황.

　　- 한국의 거시 건전성 현황.

　　- 엔저 현상.

　등 자신 있는 것을 선택하면 된다.

IBK 기업은행의 디지털 전환 전략에 대해 아는 대로 말하여라.

→ 분류를 잘 해야 한다. 현재 은행에서 가장 핫한 디지털 이슈는,

　　- AI.

　　- 클라우드.

　　- 가상자산.

　　- 데이터.

　　- 조각투자.

　　- 프롭테크.

　로 여겨진다. 자신 있는 이슈 2개 정도를 정하고 방향성을 언급하면 좋다.

팀 활동이 많은데, 팀 갈등 상황이 있을 때 어떻게 해결할 것인가?

→ 갈등상황 해결은 단골질문이다. 나는 절대 소통력이나 친화력은 언급하지 않을 것이

　다. 오히려 게임이론을 접목할 것이다. 상대방이 배려심이 없고 자신의 이익만 편취

　하려는 경우에는 강하게 대응(팃포탯 전략과 무자비한 방아쇠효과를 응용)하며, 상대에 대한

　배려가 있고 조율을 할 줄 아는 상대방이라면 상호작용주의적 관점에서 조절을 해나

갈 것이다. 적절한 갈등은 조직의 변화와 발전에 필요하기 때문이다.

입사 후 포부를 말하여라.

→ 가장 중요한 질문 중 하나이다. 차별화를 극대화해야 한다. 즉, 세밀하고 현실적이어
야 한다는 의미다. 그런 면에서 기업은행 업무에 대한 이해가 필요하다. 필요한 경우,
특강 과정에서 기업여신 프로세스를 통한 기업은행 본점과 지점의 유기적 관계에 대
해 강의한다. 신용 분석 과정을 통해 중소기업 평가 시 주요 재무 지표와 비재무 지표,
현장방문 때 중요 체크 사항들을 강의할 것이니 참조하면 좋을 것이다.

6) 다음은 IBK기업은행 합격자 면접 후기를 정리한 내용이다.

<글로벌 직렬 지원자>

0. 아이스브레이킹
 - 조별로 게임 같은 걸 하면서 긴장 풀고 친해지는 시간.

1. 토론 면접
 - 주제: 기술특례상장이 도입되어야 하는가?(우리가 정하는 줄 알고 안락사 찬반 논의하고
   갔는데, 주제가 주어져 있었음.)
 - 5분 동안 자료 읽고 찬반 정함, 15분간 토론을 진행함(우리 조는 2분 30초 경과됐을 때,
   각자 찬반 정함. 남은 2분 정도 동안 찬/반에 대한 각각의 의견 정리).
 - 제시문: 기술특례상장의 현황, 찬성 측 관련 지문 1개, 반대 측 관련 지문 1개(총 3개).
 - 4분 남았을 때 시간 알려주심.
 - 사회자는 없고, 따로 지정하지 말라고 안내되어 있음.
 - 여러 방 순환하며 평가만 하시는 위원분들도 계시고, 평가는 하지 않고 앉아만 계신 진행
   위원 분도 들어오심(이 분은 입행한지 얼마 되지 않은 신입 행원이신 듯).

- 한 조원이 "개인 투자자들의 피해는 어떻게 할 거냐?", "이런 부작용이 있는데 도입하는 것이 맞느냐? 이미 공적 차원에서 지원되는 부분이 많은데."라고 물고 늘어져서 막판에 핵심을 놓친 듯.

2. 인성 면접

- 토론 면접 평가위원이셨던 분과 1:1 인터뷰로 진행함.

1) 영어면접(갑자기 영어로 물어보셔서 당황. 아마 글로벌 쪽으로 적어서 그런 것 같습니다.)

  - 자기 소개.
  - 중소기업의 해외 수출을 지원하는 다른 정부 기관 많은데, 왜 기업은행에 지원했는지?
  - 러시아-우크라이나 사태가 발생했는데, 이 상황에서도 러시아에 사업을 확장해야 한다고 생각하는지?(러시아어 자격증으로 가점 받아서 관련 질문을 하신 듯합니다.)

2) 한국어(?)면접

  - 교환학생 가서 가장 기억에 남는 한 가지?
  - 영어를 유창하게 하던데, 다른 언어도 그 정도로 하는지? 비즈니스 회화 가능한가?
  - 입행하고 나서도 외국어 역량을 더 계발할 생각이 있는지?
  - 공모전 주제가 개발금융의 국내 도입 방안인데, 이 주제는 어떻게 정하게 됐는지?
  - 학회에서 의견 합치해서 갈등 해결했던 사례를 구체적으로 얘기해 봐라(자소서 내용).
  - 학과 집행부를 했다고 했는데, 어떤 계기로 하게 됐는지?
  - 글로벌 직무 말고 다른 부서, 예를 들면 영업점에 장기간 근무해야 한다면 어떨지?
  ※ (다른 조원 질문)수익성 vs 공공성

3) 전반적인 평

  - 압박 면접 전혀 아니었어요. 직원분들 다들 친절하셨어요. 특히 면접관 분이 생각보다 젊으셔서 놀랐어요. 40대 초반 정도? 완전 실무진인 듯 했고요. 그리고 면접 끝나고 강당에서 나오니까 행원 분들이 일렬로 쫙 서서 박수+환호성 질러주심. 엄청 밝은 분위기였어요.
  - 토론 면접에서 주의할 점은 제가 잘 말하더라도 다른 조원이 좀 이상하게 포인트를 잡으면 말리는 기분이 들더라고요. 전체 주제가 무엇인지, 거기서 벗어나는 너무 지엽적인 내용으로 토론하고 있진 않은 지 객관적인 시선으로 바라보는 게 중요할 것 같습니다.
  - 인성 면접 질문은 다 예상 가능한 범위 내 질문이었습니다(영어 질문 제외하면요!). 그런데 다른 조원분들도 비슷하게 얘기하셨습니다. 어떻게 변별을 두려는지는 잘 모르겠네요.

- 저 같은 경우, 자소서 위주로만 물어보셨는데, 다른 조원 분들은 ESG 도입 방안 등 시사 이슈도 물어보셨다고 하네요.
- 영업점에서 근무하게 되면 어떻게 할 것이냐? 이 질문에 영업점 방문해 본 경험 얘기 했는데 면접관 분이 받아 적으시면서 주의 깊게 듣는 것 같은 느낌적인 느낌. 영업점 방문해봤다고 어필하는 거 좋은 것 같습니다.
- 면접관이 내 말을 주의 깊게 듣지 않는 것 같아도 침착하게 대답하기(말 빨라지지 않기).

chapter 14

KB국민은행
면접 준비

1) 얼마 전 KB국민은행 지원자에게 KB국민은행의 장점과 단점을 말하라고 했더니, 장점은 전국에 가장 많은 영업점 망이며, 단점은 기업 금융임을 꼽았다. 그리고 그렇게 생각하는 근거를 물어보았더니, 우물쭈물 하면서 정확하지 않은 기사를 근거로 답변했다. 개인적으로는 실소가 나왔다. 오히려 장점과 단점을 반대로 말했다고 생각하기 때문이다. 왜 KB국민은행에서는 가장 큰 장점이라는 영업점 수를 시중 은행 중 가장 큰 폭으로 급격하게 줄여나가고 있는가? 가장 큰 단점이 기업 금융이라면, 왜 국민은행의 총 기업여신 규모가 4대 시중은행 중 가장 큰 것인가?

2) 명확한 근거 없는 주장은 꼬리질문 등에 의해 난타당하기 십상이다. 고작 이 정도 수준으로만 KB국민은행을 분석하고 면접에 임하는 것이 현재 KB국민은행 지원자들의 현실인지도 모르겠다.

3) KB국민은행 1차 면접은 직렬별로 다른 유형으로 진행된다. 하지만 직렬과 상관없이 많은 지원자들이 면접의 형태나 과제, 또는 기사에만 집중한다. 그러다 보니 문제는 다음의 KB국민은행 지원자로서 꼭 알아야 할 내용들을 등한시한다는 점이다. 이는 결국 면접에서 무논리 답변, 아무말 대잔치의 원인이 된다.

4) KB국민은행 1차 면접(실무진면접)은 사전 과제 PT면접과 세일즈면접으로 구성된다. 면접 후기는 다음 내용을 참조하기 바란다.

　가. PT면접

　　- KB국민은행 1차 면접 사전과제는 누구나 다 잘 준비할 것이다. 미리 주어지는 과제인데, 얼마나 많은 자료 조사를 하겠는가?

　　- 주제는 쉽게 줄 가능성이 높다. 그래야 지원자들의 답변과 제안의 차별화가 극대화 될 것이기 때문이다.

　　- 1차 평가는 발표에서의 제안이나 논리 및 논거의 수준이다.

　　- 그리고 이게 끝이 아니다. 핵심은 면접관들의 질문이다.

　　- 즉, 이어지는 면접관들의 날카로운 질문에 대한 답변들을 논리적으로 설득할 수 있느냐 문제이다.

　　- 현실성이 없거나 효용성이 떨어지는 여러분들의 제안들은 가차 없이 컷 당하거나, 반박논리가 밀린다면 감점 당하게 될 것이며 자연스레 합격의 문은 멀어지게 된다.

　　- 따라서, KB국민은행 1차 사전과제의 작성은 전략적이어야 한다. 나의 제안이 얼마나 참신하고 현실성이 있느냐가 핵심이다. 예쁘게 만들거나 잘 꾸미는 것을 비판하지는 않는다. 하지만 이 부분에만 몰두한 나머지 정작 콘텐츠가 뻔하거나 이미 신문 등에서 지적하는 말들을 반복하는 경우들을 많이 보았다. 내가 보는 기사들, 그리고 내가 참조하는 자료들을 모든 KB 면접 준비생들이 보고 활용하고 있다고 생

각해야 한다. 전략적이기 위해서는 은행들의 현안과 국민은행의 현황에 대해 최대한 심도 있는 지식이 필요하다. 지식적 근거가 없는 주장은 궤변이 될 가능성이 높기 때문이다. 기본적으로 이러한 PT면접일수록 현실적인 방향성을 제시하고 문제점을 지적할 수 있는 전문가가 필요하다.

- 실제 은행을 다녀본 적이 없는 분들은 이런 PT에서 디테일한 부분에 약할 수밖에 없다. 슈페리어뱅커스는 외환은행 12년 경력의 선생님이 직접 진행한다.

- 현재 금융과 경제상황을 계속 공부하고 연구하지 않는 분들은 이런 PT면접에서 오래된, 철 지난 스토리 구상을 할 가능성이 높다. 슈페리어뱅커스는 금융권 코칭하는 기관으로는 유일하게 『이것이 금융논술이다』 시리즈를 매년 개정하며 10년간 꾸준히 개정본을 발행해왔다. 최신 은행, 금융 트렌드를 놓치지 않는다는 점을 자부한다.

나. 세일즈면접

사실, 은행 세일즈의 핵심은,

내용적으로는 2가지(크로스 셀, 키 맨 영업),

형식적으로도 2가지이다(사후 마케팅, 긍정 마케팅).

이것도 잘 모르고 세일즈 면접에 들어간다면 높은 점수를 받기는 힘들다.

5) KB국민은행 면접을 준비하는 지원자들은 최소한 이 정도는 꼭 숙지하고 가야 한다. 그리고 이러한 부분들을 공부할 때에는 타행과의 비교가 필수적이다. 그러나 대부분의 지원자들이 KB국민은행 재무도 잘 모르고, 타행의 재무제표에는 아예 관심을 가지지 않는다. 논리는 숫자로 증명하는 것이 가장 좋다. 실적과 규모는 재무제표이다. 그리고 은행에서 중요하게 보는 각종 재무 지표는 확실히 챙기고 공부해야 한다. 비단 KB국민은행뿐만 아니라, 장기적으로 타행을 지원할 때에도 이런 부분에 대한 체계적인 공부는 꼭

필요하다. 은행을 처음 준비하는 지원자도 이런 식으로 기초부터 다져 나가는 것이 좋다. 은행 업무에 대한 기능적인 접근도 중요하지만, 은행 전체를 크게 봐야할 필요성 또한 크다.

가. KB국민은행의 정확한 현황, KB국민은행의 SWOT.

나. 은행의 수익구조.

다. KB국민은행의 수익성 개선 방안.

라. KB국민은행의 리스크 관리 방안.

마. KB국민은행의 BaaS 방안.

바. KB국민은행의 디지털전환 방안.

사. 이자 장사 논란에 따른 KB국민은행의 정책적 방안.

아. 내재된 은행의 공공성.

6) 다음은 2023년 국민은행 합격자 면접 후기를 정리한 것이다.

상반기 국민은행 1차, 최종 면접 1:1 컨설팅 수업을 들었던 ○○○입니다. 선생님 덕분에 1차 합격, 최종까지 합격할 수 있었습니다.

1) 1차 면접(PT)
선생님께서 실제로 시험장에 있는 것처럼 모의 면접을 진행하고, 객관적으로 피드백을 해주셔서 실제 면접에서 많은 도움이 되었습니다. 국민은행 PT면접은 5분 PT발표 후, 10분 질의 응답 형태로 이루어집니다. 두 명의 면접관분들과 1:2로 진행되고, 준비한 PT를 발표한 후 바로 질의 응답을 진행합니다. 저는 PT면접에서 자소서에 관한 질문은 받지 않았으나, 다른 면접자들을 보면 자소서 또는 인성 관련 질문을 받는 경우도 많았습니다. 면접방법이 정말 많은 걸로 기억하기 때문에 이 부분은 준비하는 게 좋을 것 같습니다. 저는 PT에 관한 질문만 받았으며 기억나는 질문들은 아래와 같습니다.

Q. 자료를 어디서 찾았는지.

Q. 왜 이 아이디어를 생각하게 되었는지.

Q. 이 사업을 함으로써 얻을 수 있는 구체적 이익은 무엇인지.

2) 1차 면접(세일즈)

선생님께 받은 꿀팁들을 참고하여, 많은 연습을 하며 준비하였습니다. 세일즈는 자꾸 말하려고 노력하는 것이 중요한 것 같습니다. 실제로 면접장에서 상품을 판매하지도 못했지만, 약 10분 동안 최대한 웃으면서 고객 역할의 면접관과 공감대를 형성하려고 노력하였습니다. 세일즈 면접 후 인성 질문과 자소서 질문을 받았습니다.

Q. 은행원으로서 필요한 역량을 무엇이라 생각하는지.

Q. 자소서에서 ○○한 일을 하고 싶다고 했는데, ○○한 일을 할 때 뭐가 중요하다고 생각하는지.

3) 최종 면접

모의 면접을 통해서 선생님께서 제가 면접에 대해 생각하는 편견을 깨도록 지도해 주셨습니다. 저는 그동안 면접을 필기준비처럼 암기해야 한다고 생각했지만, 선생님 수업을 듣고 개선하였습니다. 또한 비언어적 태도도 교정해주시고, 예상 질문도 정말 많이 뽑아 주셔서 실제 면접에서 다른 지원자보다 덜 당황했다고 생각합니다. 선생님께서 알려주신 대로 나만의 이야기를 진실하게 전달하려고 노력했던 점이 좋게 작용한 것 같습니다.

면접관 3분과 4:3으로 약 50분간 진행되었습니다. 선생님께서는 책도 집필하고 계셔서 저도 필기 준비 때 『이것이 금융상식이다』라는 책으로 공부했었는데요. 면접 또한 양질의 자료가 많아 정말 믿을 수 있는 분입니다. 이전 면접에서 선생님을 만났다면 더 빨리 합격하지 않았을까 싶었습니다. 면접을 두려워하던 제가 합격할 수 있게 도와 주셔서 정말 감사드립니다.

chapter 15

하나은행
면접 준비

1) 하나은행 신입행원 실무진 면접은,

　가. 기초직무(BEI) 면접.

　나. 하나 Value 면접(HVI 면접).

　다. PT(미래성장/디지털), 세일즈(지역인재).

　면접 전형으로 진행된다. 이러한 하나은행 1차 실무진 면접 전형은 과거 면접 전형과 차이가 없다. 따라서 형식적인 면에서는 2022년 하반기 면접 전형을 준용할 가능성이 높으나, 질문의 내용이나 PT의 주제는 변화가 예상된다. 과거 하반기 하나은행 전형방식과 기출질문들을 알아본 후, 하나은행 면접 준비 방법을 제안한다.

2) 하나은행 기초직무(BEI) 면접

　하나은행 BEI 면접은 6인 1조로 진행되며, 4명의 면접관이 참여하는 다대다 집단면접의 형태였다. 일반적인 집단면접 질문(자기 소개, 경험과 자소서 내용)에 더해 하나은행의 정책 방향, 은행 산업에 대한 생각 등도 질문하며 공통 질문과 개별 질문으로 구성되었다. 다음은 하나은행 BEI 면접 기출 질문을 정리한 내용이다.

- 하나은행 하면 떠오르는 좋은 이미지와 나쁜 이미지.
- (개별 질문)하나은행이 해외시장 중 어디로 진출하면 좋을지와 그 이유는?
- (개별 질문)자소서에 있는 경험을 하면서 갈등이 생겼던 적은?
- (개별 질문)은행원을 준비하며 본인이 어려웠던 점이나 금융 자격증을 준비하면서 어려웠던 점은?
- 최근 하나은행 미디어 뉴스 중 봤던 내용을 말하고, 그 뉴스가 인상적이었던 이유 말하기.
- 하나은행 서비스 경험 사례.
- 손님에게 은행이란? 은행에게 손님이란? 어떤 존재인지.

3) 하나 Value 면접(HVI 면접)

2022년 하반기에 새로 생긴 하나은행의 면접 전형이다. 1대1 인성 면접으로 10분 정도 진행된다. 클래식 음악이 나오는 커다란 카페 같은 곳에서 진행했는데, 면접이 아니라 대화하듯이 면접을 보는 방식이다. 다음은 하나은행 하나 Value 면접(HVI 면접) 기출 질문을 정리한 내용이다.

- 어떤 업무를 하고 싶어요?
- 본인이 가진 최고 강점과 그에 대한 사례 경험은?
- 꾸준히 노력해서 뭘 이뤄본 경험은?
- 창의적으로 문제를 해결한 경험은?

4) PT면접/세일즈 면접

가. PT면접

30분 동안 두 가지 주제를 준비해서 두 번 발표해야 한다. 1대4 면접이었고(면접관 4), 7분 발표, 7분 Q&A였다. 2가지를 발표한다는 의미는 최대한 지식적인 면과 통찰력을 살펴보겠다는 의미이다. 지식이 부족하거나 방향성을 제시하는 통찰력이 부족하다면 7분간 PT발표하기가 여간 어렵지 않을 것이다. 하나은행 준비를 얼마만큼 열심히 했는지, 은행의 역할과 현황, 방향을 얼마만큼 고민했는지 결국 PT면접에서 드러날 수밖에 없다. Q&A의 질문 수준이 상당히 높다. 정확히 알지 못하면 쉽게 대답하기 어려울 가능성이 높다. 최소한 알아야 할 금융, 은행 이슈들은 다음 게시한 슈페리어뱅커스의 금융·은행지식반을 수강할 것을 권한다. 다음은 하나은행 PT면접 기출질문과 소감을 정리한 내용이다.

- 지금 예금 금리가 올라서 은행에 돈이 쏠렸는데(역머니 무브), 손님의 행복을 위해 이를 어떻게 사용하면 좋을지 창의적인 아이디어를 제시해 보라.

- 앞으로 원 달러 환율을 예측한다면?

  → 선생님이 알려주신 PT 틀에 맞춰서 준비했습니다. 첫 번째 주제가 좀 어려웠는데, 창의적인 아이디어보다는 선생님께서 주신 피드백에서 받았던 '현 상황에서는 충당금 쌓기'로 밀고 나갔습니다. 면접관 분들이 매우 특이한 발표라는 평을 주셨습니다. 두 번째 주제 발표는 무난하게, 나쁘게 말하면 뻔하게 했던 것 같습니다. 학교에서 배웠던 경제학 원리를 토대로 환율이 오를 것 같다고 발표했습니다. 그래서 그런지 첫 번째 발표에 대한 질문만 들어왔습니다.

(추가 질의)

- 은행은 공공성과 수익성 중 뭐가 더 중요할까?

- 본인이 한은 총재라면 기준 금리를 올릴 것인가? 내릴 것인가?

－ 충당금을 얼마나, 무슨 기준을 보고 쌓아야 할까?

나. 세일즈 면접

세일즈 면접은 크게 3가지 방식으로 진행된다. 은행상품 세일즈, 일반상품 세일즈, 극한상황 세일즈이다. 세일즈 면접에서 면접관은 형식적으로 5가지를 평가하고, 내용적으로 3가지를 본다. 이러한 부분을 명확히 알고 세일즈 면접에 임해야 할 것이다.

5) 하나은행 면접 유의점

가. BEI 면접

전형적인 다대다 면접이다. 다대다 면접에서는 간결한 답이 중요하다. 하나은행 면접관들 입장에서 고민해야 한다. 하루종일 비슷한 하나은행 지원자들의 답변에 시달린다. 그리고 그러한 비슷한 답들이 길기까지 하다. 이런 경우, 하나은행 면접관들은 지루할 수밖에 없다. 묻는 말에만 간결하게 답하길 바란다. 답이 길면 길수록 본인이 불리해 진다고 생각하면 된다. 금융 지식과 은행지식은 최대한 갖추어야 한다. 하나은행 면접관들이 가장 좋아하는 유형의 지원자들은 숫자로 논거를 제시하는 지원자이다. 하지만 많은 지원자들이 거시 경제적 숫자나 하나은행 주요 재무 지표에 대해 제대로 알지 못하고, 단순히 신문기사에만 의존해서 답한다. 그러다 보니, 대부분 하나은행 지원자들의 금융 지식과 은행지식 질문에 대한 답들이 천편일률적이다. 왜냐하면 모두 똑같은 하나은행 기사를 보고 있기 때문이다. 기본적으로 하나은행 면접 준비를 위해 다음 숫자들은 챙기길 바란다.

[거시 경제 주요 지표]

－ 한국 GDP성장률 예상치.

－ 한국 CPI.

- 한국 PPI.

- 한국 기준 금리.

- 미국 GDP 성장률.

- 미국 CPI.

- 미국 기준 금리.

- 국제 유가.

[하나은행 주요 재무 지표]

- 하나은행 총자산.

- 하나은행 자본금.

- 하나은행 자기자본.

- 하나은행 BIS자기자본 비율.

- 하나은행 고정이하여신비율.

- 하나은행 연체율.

- 하나은행 ROA.

- 하나은행 NIM.

- 하나은행 당기순이익.

- 하나은행 평균인원.

- 하나은행 평균 영업점 개수.

- 하나은행 대손충당금적립율.

- 하나은행 원화 LCR.

- 하나은행 총여신.

- 하나은행 총수신.

나. 하나은행 PT 면접

하나은행 PT 면접은 2023년 상반기의 경우 2개의 주제를 모두 발표해야 했다. 택1이 아니었다. 따라서 최근 금융 이슈나 하나은행 이슈, 거시 경제 이슈, 사회 이슈 모두에 대한 기초적인 공부가 필요하다. 물론 필자가 집필한 『이것이 금융논술이다』또는 『이것이 금융상식이다』로 공부하면 좋다. PT면접에서 모르는 것이 나오면 어떻게 하냐고 묻지만, 현실적인 방법은 없다. 물론 본인이 아는 것으로 연결해서 발표하기도 하지만 좋은 점수는 받기 어렵다. 문제는 어정쩡하게 아는 것이 하나은행 PT면접 주제로 나오는 경우이다. 이런 경우의 문제는 꼬리질문에서 나의 생각이나 대응 방안이 논파 당하기 십상이다. 이슈들을 공부할 때 대충 공부하면 안 되는 이유다. 확실히 알 정도로, 그리고 확실히 논리적으로 설명할 정도로 공부를 하는 것이 중요하다.

다. 하나은행 세일즈 면접

하나은행 세일즈 면접은, 2023년 상반기의 경우 일반 롤플레잉이 아니라 세일즈 기획에 가까웠다. 2013~2015년 사이에 일부 은행들이 진행했던 기획면접이 부활된 느낌이다. 따라서 하나은행 면접 지원자들은 2가지 모두를 준비해야 한다.

첫째, 롤플레잉 방식의 세일즈 면접을 준비해야 한다. 이런 경우 형식적으로 챙겨야 할 것과 내용적으로 챙겨야 할 것을 분리해서 체화하는 것이 중요하다. 하나은행 면접관들은 롤플레잉 면접에서 꼭 챙겨보는 것들이 있다.

둘째, 영업기획 롤플레잉에 대한 준비도 해야 한다. 이는 크게,

- 은행 영업점(점주 환경 제시, 예를 들면, 공단 인근 영업점, 시장 인근 영업점 등) 영업 전략.

- 은행 사업 부문별(기업 금융 또는 개인 금융, 또는 더 세분화될 수도 있다. 예를 들면, 주택담보대출, 동산담보대출 등) 영업 전략.

으로 분류될 수 있다. 따라서 하나은행 세일즈 면접은 모두 준비할 것을 권한다.

라. 하나은행 HVI 면접

　흔히 인성 면접이라고 알려진 면접 방식인데, 상당히 중요하다. 편안하게 해준다고 편안하게 면접에 응하면 안 된다. 면접관에게 격은 갖추되, 답은 진솔할 필요가 있다. 논리적 일관성이 깨지거나 하나은행에 대한 과한 충성심을 어필하는 것은 탈락의 지름길이 될 수 있다. 하나은행 지원자들이 가장 많은 실수를 하는 부분이기도 한데, 2가지를 머릿속에서 지워라. <방어본능>과 <만회본능>이다. 둘 다 면접관 입장에서는 변명에 가깝다는 느낌을 가지며, 동문서답인 경우가 많기 때문이다.

6) 다음은 하나은행 면접 합격자 후기를 정리한 내용이다.

[미래성장 PT면접]
※ 면접 날짜마다 다른 주제를 제시함.
주제1. BaaS 활성화에 따른 하나은행 대응 방안, 기업 금융에서 BaaS 활용 방안.
주제2. 온라인 대환 대출 플랫폼 구축 관련 핀테크 업체와 은행 간 의견 차이 발생 이유.
주제1. 중소기업 특화 은행의 등장과 하나은행의 대응 방안.
주제2. 사적 연금 시장 변화와 하나은행의 대응 방안.
주제1. 자본과 미술의 신 밀월 시대.
주제2. 2023년, 3高와 3苦 시대.
주제1. 실버세대 자산관리 비대면 마케팅 방안.
주제2. 하나은행 ESG경영 실천 방안 + 기업 금융 분야 준비점.
주제1. 금융서비스(기업 금융 외환 글로벌)에서 업무 자동화가 가능한 영역, 자동화 시에 개선 가능한 금융서비스는?
주제2. MZ세대 특징과 MZ 고객 유치 및 자산 증대 전략.
주제1. 기업 금융 시에 중요하게 평가해야 하는 요소와 향후 전략?
주제2. 금융 트렌드 3가지(피지털/알파세대/티끌 모으는 거) 중 가장 주목해야 할 트렌드와 그에 따른 전략은?

[기초직무(BEI) 면접]

※ 공통 질문 외에는 자소서 기반 질문들이 많았음.

- 나에게 하나은행이란 ~이다. 하나은행에 입행하기 위해 본인만이 기른 차별적인 역량은?
- 입행한다면 어떤 금융자격증을 따고 싶은지?
- 외국 지점에서는 한국과는 다른 어떤 리스크가 있을지?
- 인턴 근무하면서 배웠던 점? 이를 하나은행에 어떻게 활용할지?
- 인턴 근무하면서 어려웠던 점은 무엇이었는지? 어떻게 대처하였는지?
- 공백기에는 무엇을 했는지?
- 타행 어플과 하나원큐 어플을 비교해보라.
- 디지털 분야 경험이 많은데, 미래 성장으로 지원한 이유는?
- 베트남에서 하나은행 인지도 개선 방안 무엇이 있을지?

[하나Value 면접(HVI)]

※ 하나은행 핵심 가치와 관련된 질문이 많았음

- 핵심 가치 5개 중 하나 마음에 드는 것? 본인과 연결 지어서 하나를 말해보아라.
- 목표를 세워 무언가 차근차근 이루어 낸 경험은?
- E(전문성)를 기르기 위해 어떤 노력을 해왔고, 앞으로 어떤 노력을 하고 싶은지?

chapter 16

NH농협은행
면접 준비

1) 2023년 NH농협은행 6급 신입 면접 준비와 관련 당부의 말이 있다.

　가. 면접 준비는 체계적으로 준비해야 한다. 기존 기출질문이나 질문 리스트 같은 것들은 그냥 단순히 참고용이다. 왜냐하면 과거 질문은 과거 지원자의 자소서나 태도 등을 보고 물어본 질문이기 때문이다. 나에게 그것을 물어볼 가능성은 상당히 낮을 수밖에 없다. 완벽한 준비를 한답시고 이것저것 쓸데없는 것까지 준비하는 것은 정작 필요한 준비(나에게 맞춘 질문)에 매진하는 것을 방해한다.

　나. 어설픈 지식으로 아는 척하는 것을 경계해야 한다. 아는 것이라 함은 확실히 알고 명쾌히 답하는 것이다. 반면, 모르는 것은 확실히 모르기 때문에 솔직히 모르는 것을 시인하는 것이 낫다. 괜히 아는 척하다가 털리면 본인에게 막대한 손해이다.

　다. 남의 면접 후기는 면접을 본 그 친구의 생각이다. 즉, 그 친구 관점에서 바라본 면접 후기이고, 그 후기는 일반화의 오류에 빠질 가능성이 높다. 다음 첨부하는 2022년 상반기 농협은행 6급 면접 후기들을 보면 답변이 모두 제각각임을 알게 된다. '카더라',

'하더라'식의 말에 휩쓸리지 말고 본인에 대한 준비부터 차분히 수행해 나가면 된다.

라. '고민 → 어휘선택 → 키워드와 체계화 → 도식화'의 순서로 진행할 것을 권한다.

2) 최근 농협은행 면접에서 질문의 방향은,

가. 자소서 기반 질문과 검증 꼬리질문.

나. 공통 질문.

다. 농협은행 및 은행 산업과 은행별 비교 질문.

라. 상황 대처 질문.

등으로 분류될 수 있다. 특히, 꼬리질문이 예리한 편이며, 공통 질문이나 은행 간 비교질문도 만만치 않다. 전통적인 면접 준비 방식으로는 좋은 답변을 하기가 어렵게 되었다고 생각한다. 그럼에도 농협은행 면접을 준비하는 지원자들을 보면 전통적인 방식인 예상 질문과 이에 대한 답변을 스크립트 방식으로 준비하고 있다. 답변의 내용도 천편일률적이다.

3) 슈페리어뱅커스에서는 이미 10년 전부터 농협은행 면접 수업에서 답변의 3대 요소는 '독창성, 논리성, 심층적 은행지식'임을 강조해 왔다. '모범성, 진부함, 착함' 이야기는 더 이상 경쟁력이 되지 않는다. 따라서 농협은행 면접에서의 실제 기출 질문들 중 몇 가지 사례들을 바탕으로 올바른 농협은행 면접 답변의 방향에 대하여 알아보자.

가. 자기 소개

많은 농협은행 지원자들의 30초 또는 1분 자기 소개의 문제점은,

- 역량 위주라는 점.

- 농협은행만을 위한 나의 소개라는 점.

- 오히려 농협은행 소개들을 한다는 점.

등을 꼽을 수 있다. 소통력, 책임감, 꼼꼼함 등으로 자기 소개 멘트를 구상한다면 70% 지원자들의 자기 소개와 유사할 것이다. 역량 위주의 소개는 더 이상 큰 경쟁력이 없어 보인다. 대부분 지원자들의 역량이 특이한 것이 없기 때문이다. 즉, 농협은행 면접관 입장에서는 이미 반복해서 들었던 자기 소개들을 하루에 수십 번씩 또 듣게 된다는 점을 명심하자.

30초 또는 1분 자기 소개는 자기 소개서와 더불어 나에 대한 첫 인상이 된다. 따라서 상당히 중요하다. 그러므로 농협은행 면접에서 자기 소개를 만들 때에는,

– 나의 성향에 대한 소개.

– 참신한 소개.

– 첫 질문 유도.

라는 3가지 목표를 설정하고 자기 소개 멘트를 만들면 좋다. 독창적인 자기 소개를 구상하라. 독창성은 '내용'의 독창성을 의미하는 것이지 '형식'의 독창성을 의미하는 것은 아니다. 또한, 변형 자기 소개 질문에 대한 대비도 하면 좋다. 참고로 2023년 상반기 산업은행은 1차 면접에서 '소개팅 나왔다고 생각하고 자기 소개를 하라', '동호회 첫 가입 인사한다고 생각하고 자기 소개를 하라.'는 등의 변형 자기 소개를 요구하기도 했다. 이 외에도 '지원 동기' 포함 자기 소개, '장단점 포함' 자기 소개 등 여러 변형 자기 소개 방식도 있음에 유념하기 바란다.

나. 시중은행 대비 농협은행의 약점과 그 이유 (공통 질문)

농협은행 지원자들은 농협은행과 타 은행과의 비교는 필수적으로 준비해야 한다. 하지만 이를 단순히 경험적 측면(예를 들면, 은행 방문했을 때의 느낌 등)이나 기사를 참조해서 답변하는 것은 경쟁력이 되지 못한다. 은행들 간의 주요 재무비율부터 현황까지 반드시 체계적인 분석을 해야 한다. 이러한 은행별 재무비율 비교 수업은 <여신심사

4주 과정> 또는 <농협은행 면접 특강>에서 다룬다.

참고로 1가지 지표만 비교해보자.

2023년 2/4분기 은행별 BIS자기자본 비율	
우리은행	16.22
KB국민은행	18.36
신한은행	18.21
하나은행	17.47
NH농협은행	18.96
수협은행	13.89
산업은행	13.66
IBK기업은행	14.95

즉, 이런 은행별 주요 지표 분석을 통해 NH농협은행은 BIS자기자본 비율 1위 은행으로 자기자본 관리 능력이 우수한 점이 장점임을 알 수 있게 된다.

다. "최근 경제스터디에서 다루었던 금융 보고서가 뭐였는지?"

앞서 상술한 2023년 농협은행 면접의 특징 중 한 가지는 꼬리질문이다. 이런 질문들에 대해서는 꼬리질문을 염두에 두고 답변해야 한다. 즉, 정확히 어떤 연구소의 어떤 보고서였고, 어떤 내용인지까지 기억해야 한다. 자소서에 적었던 모든 내용은 이런 식으로 꼬리질문에 대한 답변까지도 완벽히 준비해야 할 것이다. 꼬리질문에 대한 답을 못하면 면접관은 지원자가 거짓 자기 소개서나 거짓 답변이라 생각할 가능성이 높기 때문이다.

라. "산업을 분석할 때 어떤 거 참고해서 분석하는지?"

기업분석에 필요한 항목이나 재무 분석 지표와 관련해서는 <농협은행 면접 B 코스>에서 다룬다. 다만, 작년 농협은행 면접 기출 중 특이한 것은 산업을 분석할 때 어떤 것을 참고해서 분석하는지 물어보았다. 산업분석은 일반적으로 산업 내부 분석과 산업 외부 분석으로 나눈다. 산업 내부 분석에서 대표적인 것은 SWOT 분석이다. 산업 외부 분석으로는 PEST 환경 분석이 있다. 은행에서의 산업분석은 여신에 대한 리스크 관리 및 포트폴리오 전략 등을 위해 여신심사부에서는 주기적으로 분석하고 있다.

마. NH농협은행에 필요한 직업 윤리

대부분 농협은행 지원자들은 농협은행에 필요한 직원윤리로 공정성이나 청렴함을 많이 말한다. 물론 공정함이나 청렴성은 금융기관 직원으로 갖추어야 할 덕목임에는 분명하다. 하지만 누구나 말하는 이런 답변이 과연 면접관들에게 어필할 수 있을지에 대해서는 고민해봐야 한다. NH농협은행의 본질은 자금을 중개하는 업무이다. 자금중개업의 특성상 꼭 갖추어야 할 은행원의 중요한 윤리 덕목은 구체적으로 '선량한 관리자의 의무'나 '신의성실의 원칙'이 있다. NH농협은행을 믿고 자금을 맡기는 예금주나 NH농협은행의 채권을 매입하는 투자자들의 돈은 무엇보다 중요하다. 따라서 NH농협은행원은 선량한 관리자의 의무를 다할 필요가 있다. NH농협은행 지원자들은 은행원으로서의 직업윤리에 대해서 좀 더 다각도로 폭넓게 고민해 보아야 할 것이다.

바. "가장 일하기 싫은 스타일은?"

최근 금융권 면접에서 가장 빈출 질문이다. 함께 일하기 싫은 유형이나 또는 반대로 함께 일하고 싶은 유형을 물어보는 경우도 있다. 이러한 질문은 정답과 오답이 없다. 본인의 생각을 말하는 것이다. 이런 질문에서는 2가지를 동시에 대비해야 한다. 첫째는 NH농협은행에서 이런 상사를 만난다면이라는 상황 대처 질문과 둘째는 본인의 일관성을 검증하는 질문들과의 불일치 여부이다.

사. NH농협은행과 시중은행의 차이

NH농협은행은 농협금융지주 소속인데, 농협금융지주의 지분 100%는 농협중앙회가 보유하고 있는 구조다. 법리적으로 농협중앙회는 농협법을 따르지만 농협금융지주회사는 금융지주회사법을 따른다. 따라서 NH농협은행은 금융지주회사의 신속한 의사 결정 구조라는 장점과 농협법에 따른 평등주의라는 장점을 모두 취할 수 있다. 다만, 단점으로는 이런 이유로 은행의 금융지주회사 방식보다는 의사결정 과정이 한 단계 더 복잡해진다. 한편 NH농협은행은 재무제표 상으로는 2,480억 원 규모(2023년 9월말 기준)의 농업지원 사업비라는 특이한 비용 항목이 있다.

아. "대출심사를 할 때 어떤 역량이 가장 필요한가?"

이런 질문도 정답과 오답이 따로 있지는 않다. 다만 여신심사에서 필수 덕목은 냉철함이다. 어떤 기업을 심사하든 선입견을 가지면 안 된다. 여신심사의 목적은 대출채권회수 여부에 대한 판단이 최우선이다. 특히 기업여신의 경우 사람을 보면 안 되고 숫자를 봐야 한다. 숫자 위주의 분석을 통해 NH농협은행의 대출채권을 안전하게 회수할 수 있느냐에 대한 판단을 해야 하므로 누구보다 냉철해야 한다.

자. NH농협은행이 타행보다 부족한 점, 개선해야 할 점

NH농협은행의 재무제표와 시중은행 및 특수은행과의 재무제표를 비교해 보면 금방

답이 나온다. NH농협은행은 ROA가 낮고 4대 시중은행 대비 여수신 규모가 모두 열세이다. 그리고 1인당 수익력도 많이 떨어진다.

차. 마지막 말

마지막 말은 상당히 중요하다. 그럼에도 많은 지원자들은 마지막 말은 이미 면접관들의 결정이 난 상황이므로 중요하지 않을 것이라 착각한다. 반드시 나를 각인시키고 인상을 남길 수 있는 감동의 멘트를 고민해야 한다. 단순히 면접 보시느라 수고 많으셨다는 멘트나 이 자리까지 올라오게 해 주셔서 감사하다는 식의 성의 없는 답변으로 아까운 기회를 놓치지 않기 바란다. 마지막 말은 면접관들이 지원자들을 평가하기 전에 하는 마지막 인상이다. 따라서 평가에도 분명 영향을 미칠 수 있음을 염두에 두어야 한다.

파. NH농협은행 면접 준비!

기존의 면접 준비 방식과 생각을 버리기 바란다. 스터디원들이 말하는 '카더라 통신'은 신뢰성이 상당히 떨어진다. 무슨 답이 좋은지, 나쁜지에 대한 판단도 못하는데, 어떻게 모여서 스터디가 가능한 것인가?

3) 다음은 NH농협은행 합격자 면접 후기를 정리한 내용이다.

<**2023년 하반기 농협은행 5급 합격 수기**>

[심층 면접]
3:3 면접, 남자2, 여자1
아침 첫 조라서 면접관들 모두 다운텐션이었고, 면접자들도 다운텐션이었습니다. 공통 질문과 개별 질문을 밸런스 있게 물어보셨고, 내용을 길게 해도 자르지 않고, 전체 답변을 들은 후

궁금한 부분들을 꼬리질문으로 많이 물어보셨습니다. 인성질문은 없었고, 직무역량이랑 그래서 어떻게 기여할 수 있냐 중심으로 물어보셨습니다.

1. 1분 자기 소개
   자기 소개에서 3명 모두 질문을 받지 않았습니다.
2. (공통 질문)금융전문가가 되기 위해 어떠한 노력을 해왔는지?
3. (공통 질문)들어와서 금융전문가가 되기 위해 어떤 노력을 할 것인지?
   (꼬리질문)금융DT 회계 연수과정은 어떤 것이었나?
   (꼬리질문)은행 인턴십이 대학 연계과정이었나요?
   (꼬리질문)최우수 인턴 등 인턴십 평가지표가 있었나요? 없었다면 본인이 인턴십에서 몇 점 정도의 인턴이었다고 생각하는지?
4. (공통 질문)외부 환경의 변화에 맞춰 기민한 대응을 하고자 했던 경험은? 어떤 이슈가 있었고, 그거에 대비하기 위해 무엇을 했는지?
   (꼬리질문)해당 디지털 역량이 입행 후 어떤 식으로 발휘될 수 있을 것 같은지?
5. (공통 질문)포기하고 싶었거나 그만두고 싶었던 경험은?
   (꼬리질문)해당 공모전은 언제 한 건지?
   (꼬리질문)처음에 왜 실패했다고 생각하는지?
   (꼬리질문)다른 기관 컨택할 때 전략을 바꾸어서 했을 텐데, 그럼 무엇을 바꿔서했는지?

[실무자 면접]
생각할 시간을 5분 정도 주고, 1분 동안 어떤 방식으로 고객을 응대할 것인지 발표 + 4분간 꼬리질문, 이후 10분 동안 직무역량 질문.
– 상황: 보이스피싱으로 고객 예금이 이미 송금됨. 행원으로서 매뉴얼대로 응대했음. 그런데 지속적으로 항의하는 상황임.
   (꼬리질문)보이스피싱 방지 시스템이 있었을 텐데, 그 시스템이 막아야 했던 거 아니냐? 너희 잘못이 아니냐?
   (꼬리질문)행원한테 물어내라고 한다면?
   ※ 이외 꼬리 질문이 2개 정도 있었는데 기억이 잘 나지 않네요.
1. 금융권 경력이 있는지?
   (꼬리질문)어떤 기업을 기업분석했는지?
   (꼬리질문)왜 해당 기업이 3년 연속 영업적자를 기록했다고 생각하는지?

2. 다른 경력 있는지?

   (꼬리질문)가장 힘들었던 민원은 뭐였는지?

3. 입사 후 포부.

4. 산업을 분석할 때 어떤 거 참고해서 분석하는지?

5. 마지막 할 말.

[토의면접]

4:4 찬반토론이었고, 인사 담당자, 면접 위원님이 '농협은행은 중간만 가면 된다.'는 속설이 있던데 전혀 아니다. '자신의 의견을 관철시키지 않으면 감점이 될 거고, 소극적으로 참여해도 감점이 될 거다.' 적극적으로 의견 주장할 것을 강조하셨습니다. 찬반은 랜덤으로 주어졌습니다. 10분 생각할 시간을 주고, 토의 진행되는 과정에서 면접관 개입은 일절 없었습니다.

– 주제: 워크아웃 제도 유예, 찬성인지, 반대인지.

chapter 17

우리은행
면접 준비

1) 우리은행 면접은 2~3년 전부터 3회에 걸쳐 진행되는 면접시스템으로 전환한 후, 지금까지도 면접은 3회에 걸쳐 진행되는 방식이 유지되고 있다. 필기시험의 부담이 덜한 만큼, 1~3회 면접에서의 질문은 은행 이슈, 학술적 이슈, 개별 이슈 등 다양한 스펙트럼을 물어보며, 다대다면접, PT면접, 인성 면접 등의 방식으로 진행된다.

2) 우리은행 면접과정
   - 1차 면접: 다대다 개별 면접.
   - 2차 면접: 다대다 개별 면접, PT면접, 세일즈면접 등.
   - 3차 면접: 임원면접으로 다대다 면접.

대게 1차 면접은 무난하다는 평, 2차 면접은 극악하다는 평, 3차 면접은 종합적인 질문들이 많지만 상황 대처 면접 비중도 높았다. 우리은행 면접 준비를 할 때에는 작년 방식은 참고하되, 새로운 전형이 언제든 등장할 수 있다는 점도 염두에 둬야 한다. 이런 경우 당황하지 않도록 세밀한 준비를 할 필요가 커졌다.

3) 현명한 사람은 중요한 일일수록 급한 상황을 만들지 않는다. 즉 미리미리 준비한다. 우리은행 면접 전형이 허들식으로 3회 이루어진다고 해서, 매 회마다 거기에 맞는 면접 준비를 그때그때 하는 것은 '중요한 일을 급한 상황으로 처리하는 꼴'이다. 첫 1회 면접을 준비할 때 3회 임원 면접까지 염두에 두고 전 과정을 준비하는 것이 효과적이다.

4) 우리은행뿐만이 아니라, 이제 모든 은행의 면접에서는 은행 관련 심도 있는 지식과 경험이 없다면 면접에서의 답변이 쉽지 않을 것이다. 정형화된 우리은행 면접 준비 방식에서 변화를 꾀해야 한다.

5) 자소서 기반, 인성 질문 면접 대비
→ 상당히 중요하다. 지금까지 해왔던 방식을 과감히 바꿀 것을 권한다. 슈페리어뱅커스에서는 이미 10년 전부터 은행 지원자들의 천편일률적인 면접 준비방식과 획일화된 답변을 많이 봐왔다. 이러한 방식으로는 더 이상 경쟁력을 얻기 어렵다. 따라서 방법의 전환을 해야 할 때이다. 기출문제를 뒤지고, 예상 질문을 뽑아서 답안 정리하고 연습하는 방법은 상당히 비효율적이다. 체계적인 준비를 해야 한다.
실제 상황 대처 질문도 우리은행에서 많이 물어보는데, 많은 지원자들이 상황 대처 질문을 체계적으로 준비하는 경우를 본 적이 없다. 그리고 이러한 부분들에 대한 체계화된 강의를 하는 선생님들도 알지 못한다.
예를 들면, 작년 우리은행 임원 면접 질문이었던,
'상사가 부당한 지시를 내리면 어떡할 것인가?'
'팀워크가 없는 동료와 마주한다면 어떡할 것인가?'

등 각종 상황에 대한 면접 준비도 반드시 해야 한다. 참고로 상사의 부당한 지시에 대한 질문은 정답과 오답이 정해져 있고, 팀워크 없는 동료 질문은 좋은 답변의 방식들이 많다.

6) 우리은행 준비

　가. 우리은행 질문에 대한 준비는, 우리은행 자체에 대한 준비도 중요하지만, 타행과의 비교도 필수적이다. 비교가 되어야 우리은행만의 SWOT가 나올 수 있기 때문이다.

　나. 하지만 많은 지원자들이 신문기사만 열심히 찾아서 보는 편이다. 그러다 보니, 우리은행에 대한 대부분 지원자들의 답변이 거의 유사하다. 심한 경우, 기자의 오보에 대한 내용도 모두 그대로 하는 경우도 있다.

　다. 우리은행에 대한 준비는 기본적으로,

　　– 우리은행 재무 및 타행재무 분석, 은행 평균 비교.

　　– 우리은행 건전성, 유동성, 안정성, 수익성 등에 대한 고찰.

　　– 우리은행 해외 영업 현황, 민원 건수, 금융사고 현황.

　　은 반드시 공부해야 한다.

특히 우리은행 주요 재무 현황을 간단히 언급하면,

2022년 12월말 기준	
우리은행 BIS자기자본 비율	15.6%
우리은행 고정이하여신비율	0.19%
우리은행 NIM	1.59%
우리은행 ROA	0.61%
IBK기업은행	14.95

하지만 이러한 숫자를 외우는 것이 중요한 것이 아니라, 타행과 비교도 해봐야 하며, 의미와 추세까지 알아야 한다. 또한 이러한 주요 항목 뿐만이 아니라, 우리은행 면접에서 좋은 답변의 근거가 되는 다른 지표들까지 알아야 한다. 참고로 우리은행의 해외자산 운용 현황이나 직원 1인당 수익성과 대손충당금적립율 등 공부해야 할 것이 정말 많다. 한편,

- 우리은행 상품 공부.

- 우리은행 역사 공부.

- 우리은행 디지털금융 방향.

- 지원 직렬 관련 은행 업무.

등도 준비해야 할 요소들이다.

라. 은행, 학술 이슈 준비

답을 할 수 있느냐, 더 나아가 얼마나 좋은 답을 하느냐로 지원자들에 대한 평가가 이루어진다. 열심히 논술과 이슈를 평소에 챙긴 지원자들은 그리 어렵지 않겠지만, 이를 등한시한 지원자들은 불합격이라는 아픔을 겪을 만큼 지원자별 차별화가 큰 부문이다.

7) 다음은 우리은행 합격자 면접 후기를 정리한 내용이다.

<2023년 하반기 우리은행 합격 수기>

<1차 면접>
7인 1조로 면접실 입장(우리 조는 여자 5 남자 2), 면접관 2명, 일정: 10월 16월~25일까지.

[공통 질문]

- 30초 자기 소개.
- 지원 동기가 무엇인지?
- 기업 금융의 본질은 무엇이고, 이를 위해 어떤 역량이 필요한지?

[개별 질문]

- 여신심사에 관한 질문.
- 대출상품이 어떤 점에서 장점이고 단점인지?
- (상황질문)기업 담당자가 와서 창구에서 신입 직원 말고 다른 직원을 부른다. 이때 지원자의 대처는?
- 해외 경험이 많은데 이유는? 소통능력을 위해 해외를 다녔다고 했는데, 그건 생존을 위한 의사소통 아닌지? 해외에서 얻은 인사이트가 있다면?
- 감명 깊게 읽은 책?
- RM이 무슨 뜻인지?
- 여신 심사 시 우량기업 vs 약소기업 어디를 택할 것인가?
- 재무 지표 중 무엇을 가장 눈여겨 볼 것인가?(지원자: 각주라고 대답) 근데 각주는 지표는 아닌 것 같은데?
- (상황질문)만약 A회사 10억, B회사 10억 여신을 하는데 둘이 대출금리가 달랐다. 그런데 회사 사장님들끼리 교류해서 금리가 높은 회사 사장이 와서 화를 냈다. 당신은 어떻게 할 것인가?(지원자: 왜 낮은지 설명하겠다고 대답) 근데 그러면 우리 회사 건전성이 안 좋다는 뜻이냐고 되묻는다면?
- 기업 금융으로 추천할 만한 우리은행 상품?
- 모뉴엘 사태를 말하는데, 그렇다면 내부 직원의 잘못인가? 만약 그렇다면 어떻게 해결해야 하나?

<2차 면접>

일정: 11월 6일~13일, 장소: 안성연수원, 한 조에 10명 정도 배정, 각 조에 2명 면접관 배정 (남1, 여1).

[그룹 PT] 오전에 그룹 PT부터 시작.

- 주제: EX(employment experience) 근로자 경험을 증진시키는 방안.
- 자료: 약 3페이지 주어짐.
- 5인 1조로 구성하여 약 5분간 발표 진행.

[PT면접(개인)]

- 주제: 중소기업 대출 활성화 이유, 방안.

- 자료 주어짐.

[직무 인성 면접(단체)]

- 60분간 진행.

- 모든 일정을 순환으로 진행한 후, 조원 모두(9:2) 면접실에서 면접.

- 상대적으로 질문 개수 공정하게 배정함.

[질문]

- 만약에 기업 금융을 원했는데, 은행에서 다른 직무를 준다면?

- 만약 예상치 못한 곳으로 발령이 난다면?

- 영업점을 디자인할 수 있다면 어떤 영업점으로 만들고 싶은가?

- 우리은행의 장단점은?

- 우리은행에서 이루고 싶은 가치는?

이후 간단한 식사 후 마무리.

이것이 금융 취업 입문서이다

chapter 18

농협중앙회
면접 준비

1) 남들과 같은 동일한 답변은 경쟁력이 없다. 농협중앙회는 혁신과 도전으로 역사를 써 나

가려 하는데 나의 답변은 보수적이고 진부하지 않을까? 고민해 보길 바란다.

2) 농협중앙회 면접에서 모범적이고 안전한 답변들일수록 안전한 결과를 보장하지 않는다.

3) 다음은 농협중앙회 면접 기출 질문과 바람직한 답변의 방향성을 정리한 내용이다.

농협중앙회가 다른 조직과 다른 점은?

→ 농협중앙회는 농협협동조합법에 의한 법리적 근거가 있는 조직이다. 일반적인 주식

회사나 사단, 재단과는 다른 협동조합법이 근거이다. 따라서 철저한 평등주의와 상

호보완의 협력과 결속력이 더 요구되는 조직이다. 많은 지원자들이 농협중앙회 면접

준비를 하면서 농협법을 들여다보질 않는다. 농협법 안에 중요한 내용들이 많다는 점

을 기억하자.

직장 생활에서 중요한 것은?

→ 이런 질문은 정답과 오답이 없다. 본인의 생각을 말하는 것이다. 다만 이런 질문은 2
가지를 염두에 둬야한다.

- 다른 답변과의 일관성 여부.

- 꼬리질문 등으로 관련 경험이나 사례들에 대한 준비.

이직 사유는?

→ 경력직들에게는 꼭 물어보는 질문이다. 많은 선생님들이 이전 직장에 대한 나쁜 점을
말하지 말라고 하는데, 필자는 동의하지 않는다. 이전 직장에서 나쁜 것이 없고 100%
만족한다면 왜 이직을 하겠는가? 더 좋은 직장에서 일하고 싶어서 이직한다는 뻔한
논리는 농협중앙회 면접관 입장에서는 전혀 설득이 되지 않을 것이다. 이직 사유는
최소한 2~3가지를 고민하고, 이를 연역적으로 표현하는 방법이 좋다. 그리고 본인 스
스로를 설득할 만한 솔직한 이유가 들어가야 농협중앙회 면접관들도 설득될 가능성
이 높다. 진솔함은 이럴 때 필요하다. 다만, 어느 정도로 잘 표현하느냐의 문제이지 솔
직하지 않은 이유는 논파 당하기 십상이다.

4) 농협중앙회 면접에서 기출질문들을 열심히 찾아봐야 큰 의미는 없다. 왜냐하면 중요한
것은 정작 본인 답변의 방향이기 때문이다. 그릇된 방향의 답변들을 너무나도 많이 한
다. 본인 스스로 설득되지 않는 모범적이고 이상적인 답변들은 이제 면접에서 경쟁력이
없다는 사실을 정확히 인지하면 좋겠다.

chapter 19

임원
면접 준비

1) 금융공기업이나 은행 임원 면접은 대충 관상이나 보며 일반적인 질문들을 하는 면접 전형이 아니었다. 즉, 쉬운 질문들로 가볍게 본다는 느낌보다는 여러분들의 실체적인 생각이 무엇인지 묻는 질문들이 많았다. 오히려 1차 인성역량 면접보다 어려운 질문들(의외의 질문들)에 대한 준비를 좀 더 철저히 해야 한다.

2) 10년간 은행이나 금융공기업 임원 면접 코칭을 진행하며 느꼈던 바는,

가. 정작 1차 면접 합격 소식을 듣고 난 후, 오히려 임원 면접 준비에 집중을 못하며 나태해지는 경우들을 많이 보았다. 1차 면접 때 철저히 준비했던 것들도 많은 부분을 잊는다. 아마도 그 이유는 1차 면접 때 너무 힘을 소진했다는 점, 그리고 임원 면접은 많은 질문을 받지 않기에 이런 것까지 다시 준비해야 할까 하는 안일함 때문인 것으로 보인다.

3) 이제 고지가 얼마 남지 않았다. 느슨함을 다시 탱탱하게 조여야 한다. 이번 관문만 통과하면 어엿한 금융인이 되어 있음을 상상하며 최대한 긴장의 끈을 늦추지 말고 철저히 준비해야 할 것이다. 특히, 가치관이나 생각, 경험들을 많이 물어보니 체계적으로 준비하기 바란다.

4) 일반적으로 임원면접은,

　가. 질문 갯수는 많지 않은 편이었다. case별로 다르지만 2개~8개 정도의 질문으로 끝난다.

　나. 공통 질문의 빈도가 높다. 다만, 질문의 내용은 여러분들의 실체적인 생각이나 의견을 묻는 질문들이 많았다.

　다. 의외의 질문들은 항상 나올 가능성이 있다는 점과 과거 임원 면접 기출이나 방식과 다르게 진행될 수도 있다는 점 등 2가지 점은 항상 염두에 두어야 한다.

　라. 특히, 꼬리질문에 대한 대비가 필요하다.

　마. 면접 분위기는 그때그때 다르다. 만약 우호적인 면접분위기라고 해서 평가도 우호적으로 할 것이라 생각하면 안 된다.

　바. 임원 면접의 경우, 보통 임원들과 외부 면접관으로 구성된다. 다만 임원들과 외부 면접관들은 분위기나 질문의 방향이 다소 상이한 편이다. 임원의 특성과 외부 면접관들의 특성부터 파악한 후, 투트랙으로 임원 면접 준비를 하면 효과적이다.

5) 일반적으로 임원 면접을 위한 준비의 체계는,

　가. 개인에 대한 질문(가치관, 취미, 책, 스트레스 관리 등). ※ 자소서를 꼭 검토할 것.

　나. 해당 금융기관의 현안과 미래에 대한 질문.

　다. 조직 융합에 대한 질문.

라. 경험 질문.

마. 상황 질문.

등으로 하면 좋다. 다만 직렬별로 전문적인 질문들이 나올 수 있다. 본인 직렬에 대한 전문적인 질문에서 털리지 않길 바란다.

6) 임원 면접에서 질문의 경향성을 확언하기는 쉽지 않다. 최근 은행 임원 면접 질문, 금융 공기업 임원 면접 질문들을 보다 보면, 질문에 대한 분위기는 알 수 있다. 이런 부분들만 부지런히 확인해도 임원 면접 준비 때 큰 도움이 될 것이다.

**이것이
금융 취업
입문서이다**

**이것이
금융 취업
입문써이다**

이것이
금융 취업
입문서이다